Keine Angst vor
Hefeteig

Keine Angst vor Hefeteig

Oda Tietz

Weltbild

Inhalt

Inhalt

Backen leicht gemacht

Weizenmehl vom Typ 405 eignet sich wegen seines feinen Aromas für jeden Hefekuchen. Für Brote und herzhafte Kuchen können Sie aber auch gröbere Mehlsorten verwenden – etwa Roggenmehl (Typ 1700) – oder ganze Körner unter den Teig mischen.

Wenn Sie einen Umluftherd besitzen, können Sie mehrere Kuchen gleichzeitig backen, denn die Temperatur ist im gesamten Ofenraum konstant. Trotzdem sollten Sie die Position der Bleche vertauschen, sobald die halbe Backzeit um ist.

Wenn Sie gern die Hände im Teig haben, mit Begeisterung kneten, ausrollen, formen, flechten, füllen und verzieren, kommen Sie beim Ausprobieren unserer Hefekuchen ganz bestimmt voll auf Ihre Kosten.

Überraschen Sie Freunde beim gemütlichen Brunch mit noch warmem Gebäck frisch aus dem Ofen. Mit diesen köstlich duftenden, knusprigen und appetitlich anzusehenden Genüssen werden Sie garantiert viele »Bravos« ernten. Denn was gibt es Herrlicheres als selbst gebackenes Kräuter-, Roggen- oder Erdnussbrot, knusprige und würzige Brezeln, süße Hörnchen und Waffeln?

Sie laden lieber am Nachmittag zu einem schönen Kaffeeklatsch ein? Gugelhupf und andere Napfkuchenklassiker sind bei Jung und Alt gleichermaßen beliebt. Frische Blechkuchen sind schnell gemacht. Mit knusprigen Streuseln, süß-sauren Früchten oder sahniger Creme bringen Sie immer wieder Abwechslung auf den Tisch – im Sommer ebenso wie im Winter. Ein Adventskaffee ohne Stollen oder Früchtebrot: undenkbar. Diese leckeren Klassiker gehören zur Weihnachtszeit einfach dazu und schmecken selbst gemacht noch einmal so gut.

Die herzhaften Blechkuchen sind der Partyknüller schlechthin. Sie gehören auf jedes Buffet. Schließlich lassen sie sich schnell vorbereiten und auch in großen Mengen ohne viel Aufwand zubereiten. Und auf die Menge kommt es an. Denn wer möchte nicht kräftig zulangen beim Anblick von deftigem Zwiebel-, Speck- und Schnittlauchkuchen oder üppig belegter Pizza? Da muss natürlich von jedem ein Stückchen probiert werden. Und noch einen Vorteil hat das salzige Hefeteiggebäck: Es schmeckt kalt beinahe noch besser als warm, lässt sich also auch prima vorbereiten.

Ganz egal, ob Sie Kuchen, Brot oder Gebäck im Familienkreis oder bei einer großen Feier servieren: Wenn es Selbstgebackenes aus Hefeteig gibt, hat plötzlich jeder Appetit. Und sollte doch einmal etwas übrig bleiben, lässt sich alles problemlos einfrieren. Am besten in Portionsstücken, dann können Sie sich selbst, wann immer Sie wollen, nach Lust und Laune in Ihrer Kühltruhe bedienen. Guten Appetit!

Klassischer Hefeteig

Backwaren und Kuchen aus Hefeteig sind schnell gemacht. Und frisch aus dem Ofen sind sie meist besonders lecker. Dennoch wagt sich so mancher von uns nicht daran, selbst einen Hefeteig zuzubereiten. Der eine befürchtet, dass der Teig nicht richtig aufgehen könnte. Der andere zweifelt daran, dass der dünne Boden trotz des saftigen Belags richtig schön knusprig wird. Oder dass Streusel- und Butterkuchen viel zu trocken geraten und nur mit viel Kaffee heruntergespült werden können.

Keine Bange: Wenn man weiß, was beim Backen zu beachten ist, gelingt Hefeteig ganz einfach. Sie werden schnell sehen, dass ein Hefekuchen ebenso kinderleicht gelingt wie ein einfacher Rührkuchen. Auf den folgenden Seiten gibt es deshalb viele Tipps und Infos, damit Sie beim nächsten Kaffeeklatsch mit Ihren Backkünsten glänzen können. Wir sagen Ihnen Schritt für Schritt, wie es geht, damit Ihr Gebäck schmeckt wie vom Profi gemacht.

Wie lange der Teig gehen muss, hängt von der Menge und der Frische der Hefe ab. Je weniger Hefe Sie verwenden und je frischer sie ist, desto länger dauert es, bis sich ihre Wirkung voll entfaltet.

1 Alle Zutaten abwiegen. Das Mehl in eine Schüssel sieben und eine Vertiefung in die Mitte drücken.

2 Die Hefe zerbröckeln und mit einer kräftigen Prise Zucker in etwas lauwarmer Milch verquirlen.

Der Belag eines Kuchens muss möglichst trocken sein, damit der Boden nicht durchweicht. Früchte und Quark deshalb vorher gut abtropfen lassen.

Hefeteig immer erst dann formen, wenn er bereits gegangen ist. Sonst wird der Kuchen schwer und zu fest.

3 Die Mischung in die Vertiefung gießen. Etwas Mehl vom Rand einrühren und einen breiartigen Vorteig bereiten.

4 Die Schüssel abdecken und den Vorteig an einem warmen Ort 20 bis 30 Minuten zugedeckt gehen lassen.

Frittiertes Hefeteiggebäck muss in sehr heißem Fett ausgebacken werden. Um zu prüfen, ob die Temperatur stimmt, halten Sie einen Kochlöffelstiel ins siedende Fett. Es müssen sich sofort zahlreiche Bläschen bilden.

5 Die restlichen Zutaten auf den Mehlrand geben und alles zu einem elastischen und trockenen Teig verrühren.

6 Den Teig an einem warmen, zugfreien Ort 45 bis 60 Minuten gehen lassen, bis er sein Volumen verdoppelt hat.

8

Um zu prüfen, ob der Kuchen gar ist, stechen Sie mit einem Holzstäbchen in den Teig. Es darf kein Teig daran haften bleiben.

7 Den Teig auf der bemehlten Arbeitsfläche nochmals kräftig durchkneten. Brote und Brötchen mit der Hand formen.

8 Für Blechkuchen den Teig auf der bemehlten Fläche ausrollen, auf ein gebuttertes Blech legen und einen Rand hochziehen. Mehrmals mit einer Gabel einstechen.

Tipp Butter und Öl für Backblech und Kuchenformen sind in den folgenden Rezeptzutaten nicht angegeben. Halten Sie es ebenso griffbereit wie Mehl zum Bearbeiten und Ausrollen des Teiges.

Damit der Hefeteig schön geschmeidig wird, sollte er immer eine reichliche Portion Fett enthalten. Fett ist aber auch ein wichtiger Geschmacksträger. Butter und Öl jedoch immer erst dann unterkneten, wenn die Hefe bereits ein erstes Mal gegangen ist.

9 Für Kleingebäck den Teig ausrollen und mit einem Teigrad ausrädeln. Nicht zu dicht auf ein gebuttertes Blech setzen.

Sobald der Teig auf dem Blech liegt, stechen Sie ihn mehrmals mit einer Gabel ein. Dadurch verhindern Sie, dass sich Luftblasen bilden und der Boden sich aufwölbt.

Das mag frische Hefe

- Süßungsmittel (Zucker, Honig) – sie unterstützen die Triebkraft
- Lauwarme Flüssigkeit (etwa 37 °C)
- Zutaten mit Zimmertemperatur (also Butter, Eier usw. rechtzeitig aus dem Kühlschrank nehmen)
- Genügend Zeit und Ruhe, damit der Vorteig aufgeht (zugedeckt bei 20 bis 30 °C)
- Kräftiges Kneten
- Nochmals reichlich Zeit zum Aufgehen (zugedeckt bei 20 bis 30 °C)
- Zusammenschlagen des Teiges; so entweichen Luftblasen, der Teig geht gleichmäßig auf und wird feinporig

Das mag frische Hefe nicht

- Unmittelbare Berührung mit Salz, denn es entzieht den Hefezellen die Feuchtigkeit
- Unmittelbare Berührung mit Fett, denn es verhindert, dass die Hefezellen sich vermehren und der Teig aufgeht
- Zu kalte Flüssigkeit (unter 30 °C), denn sie bremst die Triebkraft; der Teig geht nur sehr langsam auf
- Zu heiße Flüssigkeit (über 38 °C), denn sie tötet die Hefebakterien ab; der Teig geht nicht auf
- Zugluft beim Ruhen; der Teig geht nicht richtig auf

Hefekuchen in einfachen Gas- oder Elektroherden immer auf der mittleren Einschubleiste backen, damit der Belag gar und der Boden knusprig wird.

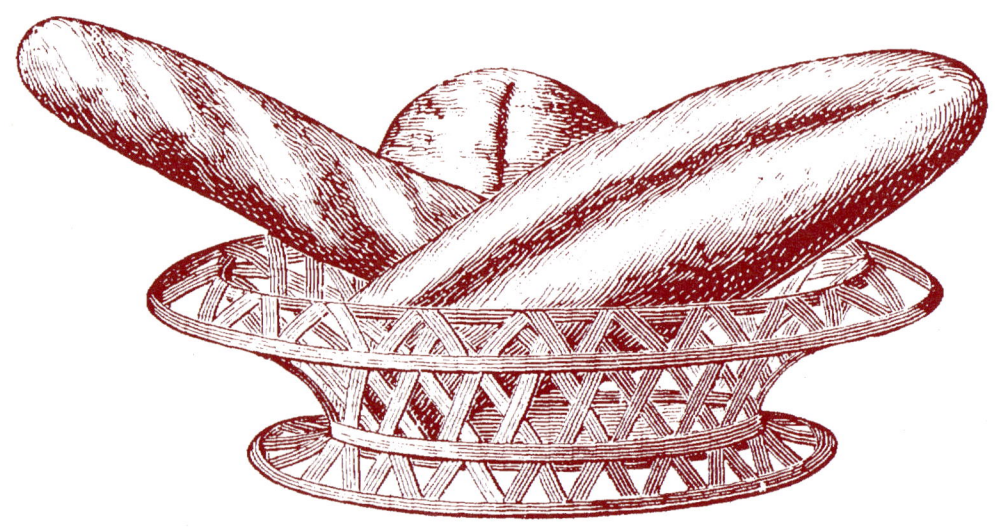

Trockenhefe oder frische Hefe?

Auch wenn die Grundsatzdebatte der eingeschworenen Hefekuchengemeinde wohl nie endgültig zu beenden ist: Es bleibt ganz Ihnen überlassen, ob Sie frische oder trockene Hefe verwenden. Wenn es schnell gehen muss, sollten Sie sich auf jeden Fall für Trockenhefe entscheiden. Sie hat nämlich den Vorteil, dass Sie keinen Vorteig zubereiten müssen. Die Trockenhefe wird einfach mit dem gesiebten Mehl vermischt und mit den restlichen Zutaten zu einem elastischen Teig verknetet. Nach der halbstündigen Ruhezeit kann der Teig geformt und das Gebäck ins Rohr geschoben werden.
Übrigens: Ein Beutel Trockenhefe enthält 7 Gramm. Das entspricht 25 Gramm Frischhefe (etwa ½ Würfel).

Wenn gewürzter Hefeteig bei niedrigen Temperaturen mindestens acht Stunden ruht, haben alle Zutaten genügend Zeit, ihr volles Aroma zu entfalten. Das Gebäck schmeckt dann besonders gut.

Kräftig kneten

Hefeteig will gut durchgeknetet sein. Wer von Hand knetet, sollte etwa 30 Minuten dafür einplanen. Erst dann löst sich der Teig vom Schüsselboden und glänzt wunderbar seidig. Wer auf den Einsatz seiner Körperkräfte verzichten will, kann die Zutaten auch in der Küchenmaschine oder mit dem Knethaken des Handrührgerätes vermengen. Der Teig muss dabei immer zuerst auf niedrigster, dann auf höchster Schaltstufe geknetet werden, bis er schön glatt und geschmeidig ist und sich vom Schüsselboden löst – das dauert etwa 10 Minuten.

Frische Eier Wer mit Eiern backt, muss auf frische Ware achten. Gibt man ein frisches Ei in eine große Tasse Wasser, sinkt es zu Boden und bleibt auf die Seite gekippt liegen. Richtet sich das Ei auf oder treibt sogar nach oben, sollte es nicht mehr verwendet werden. Auch ein guter Frischetest: Schlagen Sie das Ei auf einen Teller. Das Eigelb muss schön kugelig sein, das Eiweiß fest und nicht verlaufen. Für die Rezepte in diesem Buch wurden nur Eier freilaufender Hühner verwendet. Sie hatten in der Regel ein Gewicht von 65 bis 70 Gramm.

Wenn Sie zum Frühstück Laugengebäck servieren wollen, tauchen Sie die Brötchen vor dem Backen in eine Lauge aus 5 Gramm Natron und 1 Liter Wasser.

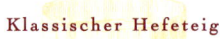

Brot backen

Jedes Brot bekommt ein intensiveres Aroma, wenn Sie es vor dem Backen mit Öl einpinseln und mit ganzen Gewürzkörnern oder -samen bestreuen.

Frisch gebackenes, knuspriges Brot schmeckt einfach unvergleichlich gut. Und es macht gar nicht viel Arbeit, seine Lieben und sich selbst hin und wieder mit solch einer knusprigen Köstlichkeit zu verwöhnen. Wenn Sie wissen, wodurch die Kruste besonders knusprig wird oder wann der Teig auch wirklich durch ist, gibt es am Tisch bestimmt keine langen Gesichter.

So gelingt Ihr Brot

- Zutaten stets ganz exakt abwiegen, damit der Teig die richtige Konsistenz hat.
- Alle Zutaten müssen Zimmertemperatur haben.
- Solange die Hefe geht, darf sie nicht mit Salz in Kontakt kommen. Sonst geht sie nicht auf.
- Nicht vergessen, den Backofen rechtzeitig vorzuheizen.
- Damit das Brot gut aufgeht, darf die Hitze nicht zu trocken sein. Deshalb immer eine Tasse heißes Wasser in den Backofen stellen.
- Klingt das Brot hohl, wenn Sie mit den Fingerknöcheln an die Unterseite und an die Seiten klopfen, ist es fertig.

Brot, dessen Teig Milch oder Buttermilch enthält, bekommt eine besonders dunkle Kruste. Die Krume wird besonders weich.

- Das fertig gebackene Brot sofort vom Backblech nehmen und zum Auskühlen auf ein Kuchengitter legen.
- In der Form gebackenes Brot einige Minuten stehen lassen, ehe es dann zum völligen Auskühlen auf ein Kuchengitter gestürzt wird.
- Damit das Brot beim Abkühlen nicht zu rasch Feuchtigkeit verliert und dadurch später zu trocken schmeckt, deckt man es mit einem Tuch ab.
- Das Brot bekommt eine glänzende Kruste, wenn Sie es sofort nach dem Backen mit einer Mischung aus 2 Teelöffel Stärkemehl und 1/8 Liter kochendem Wasser bestreichen.

Brot aufbewahren

Wird frisches Brot trocken, luftig und kühl gelagert, hält es sich vier bis fünf Tage. Auf keinen Fall sollte man Brot im Kühlschrank aufbewahren. Dort verliert es an Geschmack und Aroma. Außerdem ist die Luftfeuchtigkeit zu hoch.

Immer frische Brötchen

Wer zum Frühstück frische Brötchen, knuspriges Brot oder Kuchen servieren will, muss deshalb noch lange nicht in aller Frühe in der Küche stehen. Wer ausschlafen will, kann den Hefeteig bereits am Abend zubereiten.

Bedecken Sie die Schüssel mit einem Tuch und stellen Sie sie über Nacht in den Kühlschrank. Hefe arbeitet nämlich wider allen Gerücht auch in der Kälte (vorausgesetzt es zieht nicht). Es dauert nur länger – und zwar mindestens acht Stunden. Am Morgen muss dann nur noch geformt werden – und ab geht es in den heißen Ofen. Und wenn der herrliche Duft frisch gebackener Teilchen aus der Küche strömt, findet selbst der müdeste Langschläfer schnell den Weg an den Frühstückstisch.

Einfrieren Frische Hefe, Hefeteig und Backwerk aus Hefe lassen sich problemlos einfrieren. Brot und Brötchen halten in der Gefriertruhe vier bis sechs Wochen, Hefe und Hefeteig sogar zwei bis drei Monate. Am besten wird alles einzeln in Gefrierbeutel verpackt. Glasierte Brötchen und Kuchen vor dem Verpacken in Gefrierbeutel auf einem Tablett schockfrosten, damit sie nicht aneinander kleben bleiben. Dasselbe gilt für Kuchen und Teilchen mit Cremefüllung.

Bei Bedarf frische Hefe und Teig aus der Kühltruhe nehmen und vor dem Weiterverarbeiten bei Zimmertemperatur völlig auftauen lassen. Tiefgekühlte Brötchen und ungefülltes Gebäck können, wenn die Zeit drängt, unaufgetaut sofort im Ofen aufgebacken werden (100 °C).

Wer verhindern will, dass der Hefeteig beim Backen auseinander läuft und das Brot seine Form verliert, füllt den Teig in eine gebutterte Kastenform.

Altes Brot müssen Sie nicht wegwerfen. Es gibt zahlreiche Rezepte, in denen Brotreste verarbeitet werden. Einzige Ausnahme: Ist das Brot verschimmelt, muss es unbedingt in den Abfall.

Süßes
Kleingebäck

Rosinenbrötchen

Zutaten
- 500 g Mehl
- 30 g Hefe
- 80 g Zucker
- 200 ml Milch
- 200 g Sultaninen
- 5 Eier
- 1 Prise Salz
- 100 g Butter
- 1 EL Honig

1 Das Mehl in eine Schüssel sieben, in die Mitte eine Vertiefung drücken. Die Hefe mit dem Zucker in lauwarmer Milch verquirlen und in die Vertiefung gießen. Etwas Mehl vom Rand dazugeben und einen Vorteig anrühren. 20 Minuten an einem warmen Ort gehen lassen.

2 Sultaninen waschen und gut abtropfen lassen. 4 Eier, Salz, Butter in Flöckchen und Sultaninen unterkneten. Zugedeckt 1 Stunde gehen lassen.

3 Den Teig zusammenstoßen. Runde Brötchen formen, auf das gebutterte Backblech setzen und nochmals 20 Minuten gehen lassen. Das letzte Ei mit dem Honig verrühren und die Brötchen damit bestreichen. Im vorgeheizten Backofen bei 200 °C etwa 25 Minuten backen.

Safranbrezeln

Zutaten
- 100 g Sultaninen
- 50 g Korinthen
- 2 EL Rum
- 500 g Mehl
- 30 g Hefe
- 2 EL Zucker
- 180 ml Milch
- 7 EL saure Sahne
- 2 Eier
- 80 g Butter
- 1 Prise Safran
- 1 Eigelb
- 50 g Puderzucker
- 2 EL Zitronensaft

1 Sultaninen und Korinthen waschen und mit Rum begießen. Das Mehl in eine Schüssel sieben, in die Mitte eine Vertiefung drücken. Die Hefe mit dem Zucker in lauwarmer Milch verquirlen und in die Vertiefung gießen. Etwas Mehl aufstäuben und 20 Minuten zugedeckt gehen lassen.

2 Saure Sahne, Eier, die Butter in Flöckchen und den in 1 Esslöffel lauwarmem Wasser verrührten Safran auf den Mehlrand geben. Alles gründlich verkneten. Zugedeckt 1 Stunde gehen lassen.

3 Den Teig durchkneten, zu langen Strängen rollen und diese zu Brezeln schlingen. Auf ein gebuttertes Backblech legen, mit verquirltem Eigelb bestreichen. Im vorgeheizten Backofen bei 200 °C etwa 20 Minuten backen. Auskühlen lassen. Puderzucker und Zitronensaft verrühren und die Brezeln gleichmäßig überziehen.

Tipp Wenn Sie keine Zuckerglasur mögen, bestreichen Sie die Brezeln frisch aus dem Ofen sofort mit Butter und bestreuen sie mit feinem Zucker.

Rosenbrötchen

1 Das Mehl in eine Schüssel sieben, in die Mitte eine Vertiefung drücken. Die Hefe mit 1 Teelöffel Zucker in 1/8 Liter lauwarmer Milch verrühren und in die Vertiefung gießen. Etwas Mehl vom Rand einrühren und einen breiartigen Vorteig herstellen. Zugedeckt an einem warmen Ort 20 Minuten gehen lassen.

2 Auf dem Mehlrand die Butter in Flöckchen, 100 Gramm Zucker, Ei und Salz gleichmäßig verteilen. Die Zutaten zügig von der Mitte her zu einem glatten, geschmeidigen Teig verkneten; dabei die restliche Milch zufügen. Den Teig gut durchkneten und zugedeckt an einem warmen Ort 45 Minuten gehen lassen.

3 Den Teig auf der leicht bemehlten Arbeitsfläche durchkneten, dünn ausrollen und mit weicher Butter bestreichen. Sultaninen und Korinthen unter fließendem Wasser waschen und gründlich abtropfen lassen. Aprikosen fein schneiden und mit den Sultaninen, Korinthen, Haselnüssen und dem restlichen Zucker vermengen. Die Mischung gleichmäßig auf dem Teig verteilen.

4 Den Teig aufrollen. Mit einem scharfen Messer 1,5 Zentimeter breite Scheiben abschneiden und etwas flach drücken. Ein Backblech ausbuttern und die Scheiben nicht zu dicht nebeneinander darauf legen. Im vorgeheizten Backofen bei 200 °C etwa 20 Minuten backen.

5 Die goldgelben Rosenbrötchen aus dem Ofen nehmen und etwas auskühlen lassen. Den Puderzucker sieben und mit Rosenwasser zu einem glatten Brei verrühren. Die lauwarmen Brötchen gleichmäßig damit bestreichen.

Tipp Rosenwasser gibt es in jeder Apotheke. Sie können sich aber auch selbst einen kleinen Vorrat zulegen. Sie brauchen dazu 125 Gramm stark duftende, frisch gepflückte Rosenblütenblätter (nur von ungespritzten Blumen). Waschen und die bitteren Stielansätze abschneiden. Die Blütenblätter in einer Schüssel mit 1/2 Liter lauwarmem Wasser übergießen und zugedeckt 2 Tage stehen lassen. Anschließend das Rosenwasser durch ein feines Baumwolltuch filtern und in gut verschließbare, dunkle Gläser füllen.

Zutaten
- *500 g Mehl*
- *30 g Hefe*
- *200 g Zucker*
- *1/4 l Milch*
- *100 g Butter*
- *1 Ei*
- *1 Prise Salz*
- *100 g Sultaninen*
- *50 g Korinthen*
- *50 g getrocknete Aprikosen*
- *100 g gehackte Haselnüsse*
- *200 g Puderzucker*
- *4 EL Rosenwasser*

Brioches

Zutaten
- *500 g Mehl*
- *30 g Hefe*
- *2 EL Zucker*
- *200 ml Milch*
- *½ TL abgeriebene, unbehandelte Zitronenschale*
- *1 kräftige Prise Salz*
- *1 Msp. Muskat*
- *100 g Butter*
- *3 Eier*
- *2 Eigelb*

1 Das Mehl in eine Schüssel sieben, in die Mitte eine Vertiefung drücken. Hefe und 1 Teelöffel Zucker in lauwarmer Milch verquirlen und in die Vertiefung gießen. Etwas Mehl vom Rand zufügen und einen breiartigen Vorteig bereiten. Zugedeckt an einem warmen Ort 20 Minuten gehen lassen.

2 Den restlichen Zucker, Zitronenschale, Salz, Muskat, die Butter in Flöckchen und die Eier auf dem Mehlrand verteilen. So lange kneten, bis der Teig sich vom Schüsselboden löst. Zugedeckt 45 Minuten gehen lassen.

3 Kleine Förmchen ausbuttern. ⅔ des Teiges in den Förmchen verteilen, in die Mitte jeweils eine tiefe Mulde drücken. Eigelb mit 1 Esslöffel Wasser verrühren und die Mulden damit ausstreichen. Aus dem restlichen Teig kleine Kugeln formen, in die Mulden setzen, leicht andrücken und ebenfalls mit Eigelb bestreichen. Die Brioches abdecken und nochmals 15 Minuten gehen lassen. Im vorgeheizten Backofen bei 220 °C etwa 15 Minuten backen. Sofort servieren.

Tipp Besonders hübsch sieht es aus, wenn Sie die Brioches in kleinen Papierförmchen backen. Setzen Sie diese dazu in die ungefetteten Backförmchen und füllen Sie den Teig hinein. Die Brioches nach dem Backen mitsamt der Papiermanschette herauslösen. Anstelle der Briochesförmchen können Sie übrigens auch ein Muffinblech benutzen. Wenn Sie es gerne besonders süß mögen, versuchen Sie einmal die belgische Variante der Brioche und mengen Sie 5 Esslöffel Hagelzucker unter den Hefeteig. Noch eine Besonderheit: Der Teig wird nicht in kleine Portionen geteilt. Legen Sie stattdessen lediglich ein etwa eigroßes Teigstück beiseite. Aus dem restlichen Teig einen ovalen Laib formen, in der Mitte kreuzförmig einschneiden. Das kleine Teigstück zu einer Birne formen und mit der Spitze voran in den Einschnitt stecken. Die Brioche auf einem gebutterten Backblech 2 Stunden gehen lassen. 2 Eigelb mit 2 Teelöffel lauwarmem Wasser verquirlen und die Brioche damit bestreichen. Mit 3 bis 4 Esslöffel Hagelzucker bestreuen. Im vorgeheizten Backofen bei 200 °C etwa 40 Minuten backen.

Sirupbuchteln

Zutaten
- 100 g Rosinen
- 2 EL Rum
- 500 g Mehl
- 2 EL Kakao
- 1/2 TL Lebkuchen-
  gewürz
- 40 g Hefe
- 80 g Zucker
- 1/4 l Milch
- 5 Eigelb
- 3 EL Rübensirup
- 1 Prise Salz
- 150 g gehackte
  Walnusskerne
- Walnüsse zum
  Garnieren

1 Die Rosinen waschen, gut abtropfen lassen und mit Rum beträufeln. 1 Esslöffel Mehl beiseite geben. Das restliche Mehl mit dem Kakaopulver und dem Lebkuchengewürz vermischen und in eine Schüssel sieben, in die Mitte eine Vertiefung drücken.

2 Die Hefe mit 1 Teelöffel Zucker in 1/8 Liter lauwarmer Milch verquirlen und in die Vertiefung gießen. Mit dem aufbewahrten Mehl bestreuen. 4 Eigelb, Rübensirup, den restlichen Zucker und 1 Prise Salz auf dem Mehlrand verteilen. Die Zutaten von der Mitte her zu einem glatten Teig verkneten, dabei die restliche Milch, Rosinen und Walnüsse zufügen. Zugedeckt 1 Stunde an einem warmen Platz gehen lassen.

3 Eine runde Backform ausbuttern. Den Teig durchkneten, zur Rolle formen und in 12 Stücke schneiden. Die Stücke zu Bällchen formen und nicht zu dicht nebeneinander in die Backform setzen. Zugedeckt 15 Minuten gehen lassen.

4 Das letzte Eigelb mit 1 Teelöffel Wasser verrühren und die Buchteln damit bepinseln. Mit Walnüssen garnieren. Im vorgeheizten Backofen bei 180 °C etwa 30 Minuten goldgelb backen.

Waffeln

Zutaten
- 400 g Mehl
- 25 g Hefe
- 1/2 TL Zucker
- 1/2 l Milch
- 4 Eier
- 200 g Butter
- 1 Prise Salz
- Zimtzucker zum
  Bestreuen

1 Das Mehl in eine Schüssel sieben, in die Mitte eine Vertiefung drücken. Hefe und Zucker in 1/8 Liter lauwarmer Milch verquirlen und in die Vertiefung gießen. Etwas Mehl vom Rand dazugeben und einen breiartigen Vorteig bereiten. Zugedeckt 20 Minuten gehen lassen.

2 Das Mehl mit der restlichen Milch, Eiern, Butter und Salz zu einem glatten Teig verrühren. Zugedeckt 30 Minuten gehen lassen. Das heiße Waffeleisen buttern, etwas Teig einfüllen, glatt streichen und 2 bis 3 Minuten goldgelb backen. Sofort mit Zimtzucker bestreuen.

Reformationsbrötchen

Zutaten
- 500 g Mehl
- 40 g Hefe
- 2 EL Zucker
- ¼ l Milch
- 100 g Korinthen
- 100 g Sultaninen
- 60 g Butter
- 1 Prise Salz
- 125 g gehackte Mandeln
- 80 g fein geschnittenes Zitronat
- 200 g Aprikosenkonfitüre
- 150 g Puderzucker
- 1 Eiweiß

1 Das Mehl in eine Schüssel sieben und eine Vertiefung in die Mitte drücken. Die Hefe mit 1 Teelöffel Zucker in ⅛ Liter lauwarmer Milch verquirlen. Die Flüssigkeit in die Vertiefung gießen, etwas Mehl vom Rand dazugeben und einen breiartigen Vorteig anrühren. Zugedeckt 20 Minuten gehen lassen.

2 Korinthen und Sultaninen waschen und abtropfen lassen. Die Butter in Flöckchen, den restlichen Zucker, Salz, Mandeln, Zitronat, Korinthen und Sultaninen auf dem Mehlrand verteilen. Die Zutaten von der Mitte her zu einem weichen, glatten Teig verkneten, dabei die restliche Milch zugeben. Falls der Teig klebt, noch etwas Mehl zufügen. Zugedeckt an einem warmen Ort 1 Stunde gehen lassen.

3 Den Teig auf der bemehlten Arbeitsfläche nochmals durchkneten und anschließend ausrollen. Quadrate mit 12 Zentimeter Seitenlänge ausschneiden und die Ecken so zur Mitte hin einschlagen, dass sie aneinander stoßen. Jeweils 1 dicken Klecks Aprikosenkonfitüre in die Mitte geben.

4 Die Reformationsbrötchen auf ein gebuttertes Backblech legen, mit einem Küchenhandtuch abdecken und nochmals 15 Minuten gehen lassen. Im vorgeheizten Backofen bei 200 °C etwa 20 Minuten goldgelb backen. Herausnehmen und auf einem Kuchengitter völlig auskühlen lassen. Den Puderzucker sieben, mit dem Eiweiß verrühren und die Reformationsbrötchen gleichmäßig mit der Zuckerglasur überziehen. Trocknen lassen.

Babas mit Rum

1 Die Milch leicht erhitzen, die Hefe einbröckeln und mit der Hälfte des Mehls verrühren. 1 Stunde gehen lassen.

2 125 Gramm Zucker und Eier, das restliche Mehl und das Salz unterrühren. Zuletzt die Butter zugeben und untermischen. Zugedeckt nochmals 45 Minuten gehen lassen.

3 Die Rosinen waschen und abtropfen lassen, das Zitronat in kleine Würfel schneiden. Den Teig zusammenstoßen, Rosinen, Zitronat und Mandeln unterkneten. Den Teig zu einer Rolle formen und in 10 Stücke schneiden. Aus jedem Teigstück eine Kugel formen.

4 Ein Backblech ausbuttern, die Kugeln nicht zu eng darauf legen und 30 Minuten gehen lassen. Die Babas im vorgeheizten Backofen bei 220 °C etwa 12 Minuten backen. Auf ein Kuchengitter setzen und 6 Stunden ruhen lassen.

5 Aus dem restlichen Zucker mit 175 Milliliter Wasser einen Sirup kochen. Rum zufügen. Die Babas mit der Unterseite in den Sirup tauchen und mit dieser Seite nach oben auf ein Backblech legen. Puderzucker und Zitronensaft verrühren. Die Babas damit überziehen und trocknen lassen. Babas mit der glasierten Seite nach oben auf eine Kuchenplatte schichten. Mit Beerenobst garnieren.

Zutaten
- ¼ l Milch
- 25 g Hefe
- 600 g Mehl
- 250 g Zucker
- 4 Eier
- 1 Prise Salz
- 125 g weiche Butter
- 100 g Rosinen
- 50 g Zitronat
- 125 g gehackte Mandeln
- 6 EL Rum
- 125 g Puderzucker
- 2 EL Zitronensaft
- 250 g frisches Beerenobst (Erdbeeren, Heidelbeeren, Himbeeren, Brombeeren)

Chala

1 Einen Hefeteig wie für die Babas zubereiten. Aus dem Teig 11 Stränge von jeweils 25 Zentimeter Länge rollen. Aus jeweils 3 Strängen Zöpfe flechten. 2 Zöpfe nebeneinander auf ein gebuttertes Backblech legen. Den dritten Zopf auflegen.

2 Die restlichen beiden Teigstränge umeinander schlingen und auf den oberen Zopf legen. Die Chala mit verquirltem Ei bestreichen und mit Mohn, Haselnüssen und Zucker bestreuen. Im vorgeheizten Ofen bei 200 °C 40 Minuten backen.

Zutaten
- Teig wie bei Babas
- 1 Ei
- 50 g Mohn
- 150 g gehackte Haselnüsse
- 2 EL Zucker

Babas mit Rum

Hahnenkämme

Zutaten
- 600 g Mehl
- 50 g Hefe
- 80 g Zucker
- 200 ml Milch
- 1 Ei
- ½ TL Salz
- 250 g Butter
- ½ TL abgeriebene, unbehandelte Zitronenschale
- 300 g Pflaumen- mus
- 2 Eigelb

1 Für den Hefeteig das Mehl in eine Schüssel sieben und eine Vertiefung in die Mitte drücken. Die Hefe und 1 Teelöffel Zucker in 100 Milliliter lauwarmer Milch verrühren und in die Vertiefung gießen. Etwas Mehl vom Rand zufügen und einen breiartigen Vorteig bereiten. Zugedeckt an einem warmen Ort etwa 20 Minuten gehen lassen.

2 Auf dem Mehlrand den restlichen Zucker, das Ei, das Salz, 70 Gramm Butter in Flöckchen und die Zitronenschale verteilen. Die Zutaten von der Mitte her zügig miteinander verkneten, dabei die restliche Milch zugeben. Den Teig so lange kräftig durchkneten, bis er sich vom Schüsselboden löst. Dann zugedeckt 45 Minuten gehen lassen.

3 Die restliche Butter zwischen 2 Lagen Pergamentpapier zu einer dünnen Platte von 20 x 30 Zentimetern ausrollen; kalt stellen. Den Teig auf der bemehlten Arbeitsfläche ausrollen und die Butterplatte in die Mitte legen. Die Teigränder über der Butter zusammenschlagen und die Teigplatte zu doppelter Größe ausrol-

len. Die linke Hälfte zur Mitte schlagen und die rechte Hälfte darüber legen. Den Teig 10 Minuten ruhen lassen und den Vorgang noch einmal wiederholen. Wiederum 10 Minuten warten und den Teig ein letztes Mal ausrollen und wieder zusammenschlagen.

4 Den Teig ausrollen und Rechtecke von 10 x 12 Zentimetern ausschneiden. In die Mitte jeweils 2 Teelöffel Pflaumenmus geben. Die Teigplatten der Länge nach übereinanderschlagen und zusammendrücken. Jedes Teilchen an der zusammengedrückten Längsseite im Abstand von 2 Zentimetern jeweils 1 Zentimeter tief einschneiden.

5 Eigelb mit 1 Esslöffel Wasser verrühren und die Hahnenkämme damit bestreichen. Dabei darauf achten, dass das Ei nicht an den Schnittkanten entlangläuft, weil die Gebäckstücke sonst nicht aufgehen und ihre charakteristische Form nicht erhalten. Ein Backblech ausbuttern, die Hahnenkämme darauf geben und im vorgeheizten Backofen bei 200 °C etwa 35 Minuten backen.

Stuten

Zutaten
- *500 g Mehl*
- *30 g Hefe*
- *150 g Zucker*
- *¼ l Milch*
- *½ TL abgeriebene, unbehandelte Zitronenschale*
- *1 Prise Salz*
- *2 Eier*
- *80 g weiche Butter*
- *150 g Rosinen*
- *Kaffeesahne zum Bestreichen*

1 Das Mehl in eine Schüssel sieben, in die Mitte eine Vertiefung drücken. Die Hefe mit 1 Teelöffel Zucker in ⅛ Liter lauwarmer Milch verrühren, in die Vertiefung gießen und einen breiartigen Vorteig anrühren. Zugedeckt 20 Minuten gehen lassen.

2 Den restlichen Zucker, die Zitronenschale, das Salz, die Eier und die Butter in Flöckchen auf dem Mehlrand verteilen.

Die Zutaten rasch von der Mitte her miteinander verkneten, dabei die restliche Milch zugeben. Die Rosinen waschen, trockentupfen und in den Teig einarbeiten. 1 Stunde gehen lassen.

3 Den Teig durchkneten und Kugeln in Brötchengröße formen. Auf ein gebuttertes Backblech setzen und mit Kaffeesahne bepinseln. Im vorgeheizten Backofen bei 200 °C etwa 35 Minuten backen.

Einback

Zutaten
- *500 g Mehl*
- *30 g Hefe*
- *40 g Zucker*
- *200 ml Milch*
- *80 g Butter*
- *1 Ei*
- *½ TL Salz*

1 Das Mehl in eine Schüssel sieben. In die Mitte eine Vertiefung drücken. Die Hefe mit 1 Teelöffel Zucker in lauwarmer Milch verquirlen, in die Vertiefung gießen und einen Vorteig anrühren. 20 Minuten zugedeckt gehen lassen.

2 Butter in Flöckchen, Ei, Salz und 3 Teelöffel Zucker zugeben. Den Teig so lange schlagen, bis er sich vom Schüsselboden löst. Zugedeckt an einem warmen Ort 45 Minuten gehen lassen.

3 Den Teig auf bemehlter Fläche durchkneten und ovale Teigstücke von 10 Zentimeter Länge und 3 Zentimeter Breite formen. Ein Backblech ausbuttern. Die Teigstücke nebeneinander so auf das Backblech legen, dass die Form eines Kastenweißbrotes entsteht. Nochmals 15 Minuten gehen lassen. Den restlichen Zucker in etwas warmem Wasser auflösen und den Teig gleichmäßig damit bestreichen. Im vorgeheizten Backofen bei 200 °C etwa 35 Minuten backen.

Gefüllte Hörnchen

Zutaten
- *500 g Mehl*
- *30 g Hefe*
- *125 g Zucker*
- *225 ml Milch*
- *1 Prise Salz*
- *2 Eier*
- *225 g Butter*
- *2 Eigelb*
- *Hagelzucker zum Bestreuen*

1 Das Mehl in eine Schüssel sieben, in die Mitte eine Vertiefung drücken. Hefe mit 1 Teelöffel Zucker in der Milch verquirlen. Die Mischung in die Vertiefung gießen, etwas Mehl vom Rand zufügen und einen breiartigen Vorteig herstellen. Zudecken und 20 Minuten an einen warmen Platz stellen.

2 Salz, Eier und 100 Gramm Butter in Flöckchen auf dem Mehlrand verteilen. Von der Mitte her alles zu einem glatten Teig verkneten. Sollte der Teig kleben, noch etwas Mehl zufügen. Zugedeckt an einem warmen Platz nochmals 45 Minuten gehen lassen.

3 Die restliche Butter zum Schmelzen bringen. Den Teig durchkneten, auf der bemehlten Arbeitsfläche ausrollen und Quadrate von 20 Zentimeter Kantenlänge ausschneiden. Jedes Quadrat mit der ausgekühlten Butter bestreichen, an einer Spitze beginnend aufrollen und zu einem Hörnchen biegen. Ein Backblech buttern, die Hörnchen auflegen, mit Eigelb bestreichen und mit Hagelzucker bestreuen.

Im vorgeheizten Backofen bei 200 °C 20 Minuten backen.

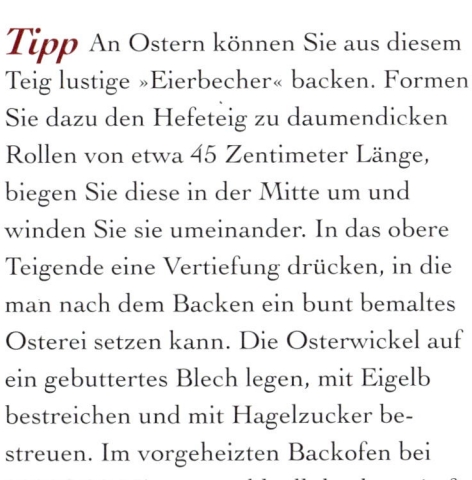

Tipp An Ostern können Sie aus diesem Teig lustige »Eierbecher« backen. Formen Sie dazu den Hefeteig zu daumendicken Rollen von etwa 45 Zentimeter Länge, biegen Sie diese in der Mitte um und winden Sie sie umeinander. In das obere Teigende eine Vertiefung drücken, in die man nach dem Backen ein bunt bemaltes Osterei setzen kann. Die Osterwickel auf ein gebuttertes Blech legen, mit Eigelb bestreichen und mit Hagelzucker bestreuen. Im vorgeheizten Backofen bei 200 °C 20 Minuten goldgelb backen. Auf einem Kuchengitter abkühlen lassen.

Prilleken

Zutaten
- *500 g Mehl*
- *30 g Hefe*
- *100 g Zucker*
- *¼ l Milch*
- *100 g Butter*
- *1 Prise Salz*
- *½ TL abgeriebene, unbehandelte Zitronenschale*
- *Öl zum Ausbacken*
- *Puderzucker zum Bestäuben*

1 Das Mehl in eine Schüssel sieben. In die Mitte eine Vertiefung drücken. Hefe und 1 Teelöffel Zucker in ⅛ Liter lauwarmer Milch verquirlen, in die Vertiefung gießen, etwas Mehl vom Rand zufügen und einen breiartigen Vorteig bereiten. 20 Minuten zugedeckt an einen warmen Platz stellen.

2 Die Butter in Flöckchen, den restlichen Zucker, das Salz und die Zitronenschale auf dem Mehlrand verteilen. Die Zutaten von der Mitte her zu einem geschmeidigen Teig verkneten, dabei nach und nach die restliche Milch zugeben. An einem warmen Platz zugedeckt 45 Minuten gehen lassen.

3 Aus dem Teig kleine Bällchen formen, diese etwas flach drücken und auf ein Holzbrett setzen. Zudecken und nochmals 20 Minuten gehen lassen. Das Öl in einem tiefen Topf erhitzen. Es ist heiß genug, wenn sich um einen Kochlöffelstiel Blasen bilden. Die Bällchen im heißen Fett schwimmend goldbraun ausbacken. Mit einem Schaumlöffel herausnehmen und auf Küchenkrepp abtropfen lassen. Mit Puderzucker bestäuben.

Tipp Aus dem gleichen Teig lassen sich auch leckere »Wachsstöckle« backen. Dazu den Teig zu mehreren 1,5 Zentimeter dicken, 25 Zentimeter langen Strängen rollen. Die Enden jedes Stranges wie für einen Knoten umeinander schlingen und 20 Minuten gehen lassen. Die »Wachsstöckle« in heißem Öl schwimmend goldbraun ausbacken. Mit einem Schaumlöffel herausnehmen, auf Küchenkrepp abtropfen lassen und reichlich mit feinem Zucker bestreuen.

Kniekeulchen

Z u t a t e n
- *600 g Mehl*
- *40 g Hefe*
- *100 g Zucker*
- *¼ l Milch*
- *150 g Butter*
- *2 Eier*
- *1 Prise Salz*
- *Öl zum Ausbacken*
- *Puderzucker zum
  Bestäuben*

1 Das Mehl in eine Schüssel sieben, in die Mitte eine Vertiefung drücken. Hefe und 1 Teelöffel Zucker in ⅛ Liter lauwarmer Milch verquirlen und in die Vertiefung gießen. Etwas Mehl vom Rand zugeben und einen breiartigen Vorteig bereiten. 20 Minuten gehen lassen.

2 Die Butter in Flöckchen, den restlichen Zucker, die Eier und das Salz zugeben. Alles zu einem geschmeidigen Teig verkneten, dabei die restliche Milch zugeben. Zugedeckt 45 Minuten an einem warmen Platz gehen lassen.

3 Den Teig nochmals kräftig durchkneten und auf der bemehlten Arbeitsfläche fingerdick ausrollen. Mit einem Glas Kreise ausstechen und diese nochmals 15 Minuten gehen lassen. Jeden Teigkreis gleichmäßig so weit auseinander ziehen, bis in der Mitte eine dünne Stelle entsteht. Den Rand etwas nach innen einrollen. Das Öl in einem Topf erhitzen, die Kniekeulchen hineingeben und schwimmend goldbraun backen. Herausnehmen, auf Küchenkrepp gründlich abtropfen lassen und dick mit Puderzucker bestäuben.

Nonnenfürzchen

Z u t a t e n
- *500 g Mehl*
- *30 g Hefe*
- *2 EL Zucker*
- *¼ l Milch*
- *125 g Korinthen*
- *80 g Butter*
- *1 Prise Salz*
- *½ TL abgeriebene,
  unbehandelte
  Zitronenschale*
- *4 Eier*
- *Butterschmalz
  zum Ausbacken*
- *Feiner Zucker zum
  Bestreuen*

1 Das Mehl in eine Schüssel sieben, eine Vertiefung hineindrücken. Hefe und 1 Teelöffel Zucker in ⅛ Liter warmer Milch verquirlen, hineingießen und einen Vorteig bereiten. 20 Minuten gehen lassen.

2 Korinthen waschen und abtropfen lassen. Mit der Butter in Flöckchen, dem restlichen Zucker, Salz, Zitronenschale und den Eiern in die Schüssel geben. Alles zu einem weichen Teig verkneten, dabei die restliche Milch zugeben. 1 Stunde zugedeckt gehen lassen.

3 Mit 2 Esslöffeln Nocken abstechen und im heißen Butterschmalz schwimmend goldgelb backen. Abtropfen lassen und mit Zucker bestreuen.

Rohrnudeln

Zutaten
- 500 g Mehl
- 42 g Hefe
- 80 g Zucker
- ¼ l Milch
- 125 g Butter
- 1 Prise Salz
- 1 Ei

1 Das Mehl in eine Schüssel sieben und eine Vertiefung in die Mitte drücken. Hefe und 2 Teelöffel Zucker in ⅛ Liter lauwarmer Milch verquirlen und in die Vertiefung gießen. Etwas Mehl vom Rand dazugeben und einen breiartigen Vorteig bereiten. Zugedeckt 20 Minuten an einem warmen Platz gehen lassen.

2 Die Hälfte der Butter in Flöckchen, 50 Gramm Zucker und das Salz gleichmäßig auf dem Mehlrand verteilen. Das Ei dazuschlagen. Alles von der Mitte her gründlich miteinander verkneten. Dabei auch nach und nach die restliche Milch einarbeiten. So lange weiterkneten, bis sich der Teig vom Schüsselboden löst und schön glänzt. Zugedeckt nochmals 30 Minuten gehen lassen.

3 Den Teig ein letztes Mal kräftig durchkneten und zu brötchengroßen Kugeln formen. Eine ofenfeste Form dick mit Butter ausstreichen. Die Teigstücke eng beieinander hineinsetzen. Die Form mit einem Küchenhandtuch bedecken und die Rohrnudeln nochmals 30 Minuten gehen lassen.

4 Die restliche Butter in Flöckchen auf den Rohrnudeln verteilen und die Form in den vorgeheizten Backofen (200 °C) schieben. Etwa 30 Minuten goldbraun backen. Herausnehmen, aus der Form lösen und mit dem restlichen Zucker bestreuen.

Tipp Statt der knusprigen Rohrnudeln lassen sich aus demselben Teig auch saftige Dampfnudeln zubereiten. Für die bayerische Spezialität in einem Topf 50 Gramm Butter schmelzen und darin 30 Gramm Zucker leicht karamellisieren. Der Zucker darf nur ganz wenig Farbe annehmen. ⅛ Liter Milch angießen und alles einmal aufkochen lassen. Die Teigkugeln dicht an dicht in den Topf setzen. Deckel aufsetzen und die Dampfnudeln bei mittlerer Hitze auf dem Herd 20 Minuten garen. Den Topf vom Herd nehmen und weitere 10 Minuten ungeöffnet stehen lassen. Während der gesamten Zeit auf keinen Fall den Deckel heben, da die Dampfnudeln sonst zusammenfallen. Die heißen Dampfnudeln mit Vollmilch oder Vanillesauce in Suppentellern servieren. Man isst sie mit Löffel und Gabel.

Napfkuchen,
Kränze & Co.

Gugelhupf

Zutaten
- *500 g Mehl*
- *30 g Hefe*
- *100 g Zucker*
- *¼ l Milch*
- *150 g Butter*
- *1 Prise Salz*
- *75 g Rosinen*
- *2 Eier*
- *1 TL Kirsch-wasser*

1 Das Mehl in eine Schüssel sieben und eine Vertiefung in die Mitte drücken. Hefe und 2 Teelöffel Zucker in ⅛ Liter lauwarmer Milch verquirlen und in die Vertiefung gießen. Etwas Mehl vom Rand dazugeben und einen breiartigen Vorteig bereiten. Zugedeckt 20 Minuten an einem warmen Platz gehen lassen.

2 Butter in Flöckchen, Salz, Rosinen, Eier, 70 Gramm Zucker, Kirschwasser und die restliche Milch unterkneten. Nochmals 30 Minuten gehen lassen.

3 Teig in die gebutterte Form füllen, 30 Minuten gehen lassen. Bei 200 °C etwa 60 Minuten goldgelb backen.

Gugelhupf mit Marzipan

Zutaten
- *500 g mehlige Kartoffeln*
- *225 g Mehl*
- *1 EL Stärkemehl*
- *40 g Hefe*
- *125 g gemahlene Mandeln*
- *100 g Zucker*
- *100 g Marzipan-rohmasse*
- *250 g Butter*
- *1 Prise Salz*
- *1 EL abgeriebene, unbehandelte Zitronenschale*
- *6 Eier*
- *250 g Puderzucker*

1 Die Kartoffeln in der Schale kochen, pellen und noch heiß durch die Kartoffelpresse drücken. Mehl und Stärkemehl in eine Schüssel sieben und in die Mitte eine Vertiefung drücken. Die Hefe in 200 Milliliter lauwarmem Wasser verrühren und in die Vertiefung gießen. Einen glatten Teig kneten, 1 Stunde gehen lassen.

2 Die Mandeln ohne Fett in einer Pfanne goldbraun rösten. Zucker und Marzipanrohmasse verkneten. 125 Gramm Butter, Salz und Zitronenschale zugeben. Nach und nach die Eier unterrühren. Die Mandelmasse mit den Kar-

toffeln und den gerösteten Mandeln zum Hefeteig geben, alles verkneten.

3 Eine Gugelhupfform ausbuttern, den Teig einfüllen und zugedeckt weitere 30 Minuten gehen lassen. Im vorgeheizten Backofen bei 200 °C etwa 1 Stunde backen. Aus dem Ofen nehmen und 10 Minuten auskühlen lassen.

4 Die restliche Butter schmelzen. Den Kuchen stürzen, mit der Hälfte der Butter bepinseln und mit 125 Gramm Puderzucker bestäuben. Ein zweites Mal einbuttern und mit Puderzucker bestäuben.

Schokoladengugelhupf

Zutaten
- *500 g Mehl*
- *30 g Hefe*
- *100 g Zucker*
- *350 ml Milch*
- *4 Eigelb*
- *130 g Butter*
- *½ TL abgeriebene, unbehandelte Zitronenschale*
- *1 Prise Salz*
- *2 EL Rosinen*
- *2 EL gehackte Mandeln*
- *6 EL Kakao*
- *250 g Puderzucker*

1 Das Mehl in eine Schüssel sieben. In die Mitte eine Vertiefung drücken. Hefe und 1 Teelöffel Zucker in ⅛ Liter lauwarmer Milch verrühren und in die Vertiefung gießen. Etwas Mehl vom Rand zugeben und einen breiartigen Vorteig anrühren. An einem warmen Ort zugedeckt 15 Minuten gehen lassen.

2 Den restlichen Zucker, Eigelb, 100 Gramm Butter, Zitronenschale und Salz auf dem Mehlrand verteilen. Die Zutaten von der Mitte her verkneten, dabei die restliche Milch zufügen. Den Teig so lange kneten, bis er schön glänzt und sich vom Schüsselboden löst. Anschließend in 2 Stücke teilen.

3 Rosinen waschen und abtropfen lassen. Zusammen mit den Mandeln in eine Teighälfte einarbeiten. Die andere Teighälfte mit 3 Esslöffel Kakao aromatisieren. Eine Backform ausbuttern. Abwechselnd hellen und dunklen Teig in die Form füllen, bis die Form halb voll ist. An einem warmen Ort nochmals so lange zugedeckt gehen lassen, bis der Teig den Rand der Kuchenform erreicht hat.

4 Den Gugelhupf im vorgeheizten Backofen bei 200 °C etwa 50 Minuten backen. Aus dem Ofen nehmen und 10 Minuten in der Form abkühlen lassen. Dann stürzen und auf einem Kuchengitter völlig auskühlen lassen.

5 Für die Glasur den Puderzucker in eine Schüssel sieben, den restlichen Kakao untermischen und mit 2 Esslöffel heißem Wasser zu einem glatten Brei rühren, dabei nach und nach die restliche Butter zufügen. Den Schokoladengugelhupf gleichmäßig mit der Glasur überziehen.

Tipp Damit der Kuchen nicht zu süß wird, müssen Sie auf jeden Fall echtes Kakaopulver verwenden. Es enthält keinen Zucker und verleiht dem Teig dadurch ein ganz besonders intensives Schokoaroma. Statt Kakaopulver können Sie auch Zartbitterschokolade, in feine Stifte geraspelt, unter den Teig mischen. Schokoladenfans können natürlich auch einen reinen Schokoladengugelhupf backen. Aromatisieren Sie dazu die gesamte Teigmenge mit der doppelten Menge Kakao oder Schokoladenraspel.

Gugelhupf mit Walnüssen

Zutaten
- *500 g Mehl*
- *40 g Hefe*
- *150 g Zucker*
- *200 ml Milch*
- *175 g Quark*
- *125 g Butter*
- *3 Eier*
- *150 g Walnüsse*
- *200 g Aprikosen-
  konfitüre*
- *250 g Puderzucker*
- *1 Eiweiß*
- *2 EL Zitronensaft*
- *Walnüsse zum
  Garnieren*

1 Das Mehl in eine Schüssel sieben und eine Vertiefung in die Mitte drücken. Die Hefe mit 50 Gramm Zucker in 100 Milliliter lauwarmer Milch verquirlen und in die Vertiefung gießen. Einen breiartigen Vorteig herstellen. 20 Minuten gehen lassen.

2 Die restliche Milch mit dem Quark verrühren. Butter in Flöckchen, Eier und Quark auf dem Mehlrand verteilen und von der Mitte her zu einem glatten Teig verkneten. Nochmals 45 Minuten gehen lassen.

3 Walnüsse hacken und unterkneten. Den Teig in eine gebutterte Form füllen. 15 Minuten gehen lassen. Im vorgeheizten Backofen bei 200 °C etwa 50 Minuten backen. 10 Minuten in der Form abkühlen lassen, dann auf ein Kuchengitter geben.

4 Aprikosenkonfitüre durch ein Sieb streichen, erhitzen und den Gugelhupf damit bestreichen. Puderzucker mit Eiweiß und Zitronensaft glatt rühren. Kuchen glasieren und mit Walnusshälften dekorieren.

Bäbe (Sächsischer Hefenapfkuchen)

Zutaten
- *500 g Mehl*
- *40 g Hefe*
- *150 g Zucker*
- *200 ml Milch*
- *300 g Butter*
- *4 Eier*
- *1 Prise Salz*
- *250 g Rosinen*
- *50 g Zitronat*
- *100 g Mandeln*
- *Puderzucker zum
  Bestäuben*

1 Mehl in eine Schüssel sieben, eine Vertiefung hineindrücken. Hefe und 1 Teelöffel Zucker in 100 Milliliter lauwarmer Milch verrühren, zugießen und einen Vorteig anrühren. 20 Minuten gehen lassen.

2 Den restlichen Zucker, 200 Gramm Butter in Flöckchen, Eier und Salz unterkneten, dabei die restliche Milch zugeben.

Gewaschene Rosinen in Mehl wälzen. Mit Zitronat und gehackten Mandeln zum Teig geben. 45 Minuten gehen lassen.

3 Teig durchkneten, in die gebutterte Form geben und 20 Minuten gehen lassen. Im vorgeheizten Backofen bei 200 °C etwa 50 Minuten backen. Restliche Butter schmelzen, den Kuchen damit bestreichen. Dick mit Puderzucker bestäuben.

Kiewer Kuchen

1 Das Mehl in eine Schüssel sieben, eine Vertiefung in die Mitte drücken. Hefe und 1 Teelöffel Zucker mit 100 Milliliter lauwarmer Milch verrühren und in die Vertiefung gießen. Etwas Mehl vom Rand einrühren und einen breiartigen Vorteig bereiten. Zugedeckt an einem warmen Ort 20 Minuten gehen lassen.

2 Auf dem Mehlrand Eier, 100 Gramm Butter in Flöckchen, 150 Gramm Zucker und Salz verteilen. Die Zutaten von der Mitte her zu einem glatten, weichen Teig verkneten, dabei die restliche Milch zugeben. Zugedeckt 45 Minuten gehen lassen.

3 Eine Springform ausbuttern. Den Teig kräftig durchkneten und in die Form füllen. Nochmals 10 Minuten gehen lassen und anschließend im vorgeheizten Backofen bei 200 °C etwa 50 Minuten backen. Den Kuchen aus dem Ofen nehmen, 10 Minuten in der Form abkühlen lassen, auslösen und auf einem Kuchengitter völlig auskühlen lassen. Den kalten Kuchen in gleichmäßigen Abständen zweimal quer durchschneiden, sodass 3 Böden entstehen.

4 Für die Creme die restliche Butter schaumig schlagen, 150 Gramm Puderzucker und Sahne unterschlagen. Zuletzt den Vanillezucker und 2 Esslöffel Weinbrand zugeben. Für den Sirup den restlichen Zucker mit ⅜ Liter Wasser in einem Topf zum Kochen bringen. Etwas einköcheln, dann abkühlen lassen und den restlichen Weinbrand einrühren.

5 Einen Boden mit ⅓ des Sirups beträufeln und mit der Hälfte der Creme bestreichen. Den zweiten Boden aufsetzen, wiederum mit Sirup tränken und mit der restlichen Creme bestreichen. Den letzten Boden mit der gebräunten Seite nach oben auflegen, mit Sirup tränken und dick mit Puderzucker bestäuben.

Tipp Die süße Sahnecreme ähnelt in der Zubereitung einer klassischen Buttercreme. Aber keine Angst: Mit diesem Trick gelingt sie auf jeden Fall. Achten Sie darauf, dass alle Zutaten Zimmertemperatur haben. Nehmen Sie Butter und Sahne also rechtzeitig aus dem Kühlschrank. Die Sahne immer nur esslöffelweise in die geschlagene Butter geben.

Zutaten
- *500 g Mehl*
- *25 g Hefe*
- *500 g Zucker*
- *225 ml Milch*
- *2 Eier*
- *350 g Butter*
- *1 Prise Salz*
- *350 g Puderzucker*
- *100 ml Schlagsahne*
- *1 Pck. Vanillezucker*
- *6 EL Weinbrand*

Savarin

1 Die Milch leicht erwärmen und die Hefe sowie 2 Esslöffel Zucker darin auflösen. Zugedeckt 15 Minuten an einem warmen Platz gehen lassen. In einer Schüssel Butter und Eier verrühren. Die Hefemilch zugeben, das Mehl darüber sieben und das Salz zufügen. Alles gut verkneten und zugedeckt 45 Minuten gehen lassen.

2 Eine Savarinform ausbuttern, den Teig kurz durchkneten, hineingeben und nochmals 30 Minuten gehen lassen. Im vorgeheizten Backofen bei 180 °C etwa 1 Stunde backen. Herausnehmen, den Kuchen in der Form 10 Minuten abkühlen lassen und dann zum völligen Auskühlen auf ein Kuchengitter geben. Oberfläche mehrmals mit einer Gabel einstechen.

3 Den ausgekühlten Savarin auf eine Kuchenplatte geben. Den restlichen Zucker in ⅛ Liter kochendem Wasser auflösen, auskühlen lassen und mit dem Rum mischen. Den Savarin gleichmäßig damit begießen. Die Orangenmarmelade leicht erwärmen und den Savarin rundum damit bestreichen.

4 Orangen und Grapefruits schälen, dabei auch die weiße Innenhaut entfernen. Die einzelnen Fruchtfilets mit einem spitzen Messer aus den Trennhäutchen schneiden. Die Kiwis schälen, längs halbieren und in Spalten schneiden. Bananen schälen und in Scheiben schneiden. Die Früchte vorsichtig miteinander mischen und den Savarin damit füllen. Den Honig über die Früchte träufeln.

Variante Je nach Jahreszeit lässt sich der Savarin mit den unterschiedlichsten Früchten servieren. Probieren Sie im Sommer einmal diese Variante: 6 Pfirsiche kurz in heißes Wasser legen. Dann die Haut mit einem spitzen Messer kreuzweise einschneiden und abziehen. Die geschälten Pfirsiche halbieren und die Steine herauslösen. Das Fruchtfleisch in kleine Würfel schneiden. 2 Esslöffel Honig mit 1 Esslöffel Zitronensaft verrühren und über die Früchte geben. Alles vorsichtig vermengen und mindestens 1 Stunde durchziehen lassen. 150 Gramm Himbeeren waschen und gründlich abtropfen lassen. Vorsichtig unter die Pfirsichwürfel mischen.

Mandelstriezel

Zutaten

- 400 g Mehl
- 25 g Hefe
- 200 g Zucker
- 175 ml Milch
- 6 Eigelb
- 2 Eier
- 1½ TL abgeriebene, unbehandelte Zitronenschale
- 180 g weiche Butter
- 250 g gemahlene Mandeln
- 3 Eiweiß
- 125 g gehackte Mandeln
- Puderzucker zum Bestäuben

1 Das Mehl in eine Schüssel sieben, in die Mitte eine Vertiefung drücken. Die Hefe und 50 Gramm Zucker in lauwarmer Milch verquirlen, in die Vertiefung gießen und mit etwas Mehl vom Rand zu einem breiartigen Vorteig anrühren. Zugedeckt an einem warmen Ort etwa 15 Minuten gehen lassen.

2 2 Eigelb, 1 Ei, 1 Teelöffel Zitronenschale und 100 Gramm Butter auf dem Mehlrand anordnen und von der Mitte her zu einem glatten Teig verkneten. Zugedeckt an einem warmen Ort weitere 45 Minuten gehen lassen. Den Teig nochmals kräftig durchkneten und zu einem Rechteck ausrollen.

3 Für die Füllung 4 Eigelb und den restlichen Zucker schaumig schlagen. Gemahlene Mandeln und die restliche Zitronenschale unterheben. Das Eiweiß steif schlagen und unterziehen. Die Füllung auf den Teig streichen, die Teigplatte aufrollen. Die Enden leicht abrunden. Ein Backblech ausbuttern, den Striezel mit der Naht nach unten darauf geben und 10 Minuten gehen lassen.

4 Das letzte Ei verquirlen. Den Striezel damit bestreichen und mit gehackten Mandeln bestreuen. Im vorgeheizten Backofen bei 200 °C etwa 40 Minuten backen. Herausnehmen, die restliche Butter schmelzen und gleichmäßig aufstreichen. Mit Puderzucker bestäuben.

Tipp Auch wenn der Mandelstriezel längst ein Klassiker ist, lässt sich die Füllung doch auf verschiedene Art variieren. Für einen exotischen Kokosstriezel werden die gemahlenen Mandeln durch die gleiche Menge Kokosflocken ersetzt. Den Striezel auf ein gebuttertes Blech legen, mit Eigelb bestreichen und goldgelb backen. Mit einem Guss aus 2 Esslöffel Zitronensaft und 200 Gramm Puderzucker überziehen. Mit fein gewürfelten Datteln und getrockneten Aprikosen verzieren. Auch eine Mohnfüllung schmeckt lecker: Dazu 500 Gramm gemahlenen Mohn mit 200 Gramm Zucker, 3 Esslöffel Rosenwasser, 100 Gramm gehackten Mandeln, 2 Tropfen Bittermandelaroma und 1 kräftigen Messerspitze Zimt vermengen. So viel Sahne angießen, dass eine streichfähige Masse entsteht.

Nusskranz

Zutaten
- *500 g Mehl*
- *30 g Hefe*
- *180 g Zucker*
- *¼ l Milch*
- *1 Prise Salz*
- *½ TL abgeriebene, unbehandelte Zitronenschale*
- *2 Eier*
- *160 g Butter*
- *200 g gehackte Haselnüsse*

1 Das Mehl in eine Schüssel sieben, in die Mitte eine Vertiefung drücken. Hefe und 1 Teelöffel Zucker in ⅛ Liter lauwarmer Milch verrühren, in die Vertiefung gießen, etwas Mehl vom Rand zugeben und alles zu einem breiartigen Vorteig rühren. An einem warmen Ort 20 Minuten zugedeckt gehen lassen.

2 Auf dem Mehlrand 80 Gramm Zucker, Salz, Zitronenschale, 1 Ei und 80 Gramm Butter verteilen. Die restliche Milch zugießen und alles gut miteinander verkneten, bis der Teig schön glänzt. Zugedeckt an einem warmen Ort weitere 45 Minuten gehen lassen.

3 Den Teig zusammenstoßen und auf einem bemehlten Küchentuch dünn ausrollen. Die restliche Butter schmelzen, etwas abkühlen lassen und den Hefeteig gleichmäßig damit bestreichen. Mit dem restlichen Zucker und den Nüssen gleichmäßig bestreuen.

4 Ein Backblech buttern. Die Teigplatte mit Hilfe des Tuches aufrollen, zu einem Ring formen und auf das Backblech legen. Ein großes, scharfes Messer in Mehl tauchen und den Teigring in gleichmäßigen Abständen tief einschneiden. 10 Minuten gehen lassen, dann mit verquirltem Ei bestreichen und im vorgeheizten Backofen bei 200 °C etwa 40 Minuten goldgelb backen.

Variante Wenn Sie es etwas gehaltvoller mögen, können Sie den Kranz auch mit dieser Mischung füllen: 100 Gramm getrocknete Aprikosen fein würfeln und mit 100 Gramm grob gehackten Walnüssen vermengen. Die Mischung auf die gebutterte Teigplatte geben und diese aufrollen. Genauso gut, jedoch mit einem beinahe orientalischen Touch, schmeckt eine Füllung aus gehackten Mandeln und frischen, fein gehackten Datteln. Für ein ganz besonderes Aroma sorgen einige Tropfen Rosenwasser.

Osterkranz

Zutaten

- *400 g Mehl*
- *25 g Hefe*
- *110 g Zucker*
- *200 ml Milch*
- *1 Prise Salz*
- *60 g Butter*
- *150 g Hagebutten-konfitüre*
- *80 g getrocknete Aprikosen*
- *200 g gehackte Mandeln*
- *50 g Korinthen*
- *2 EL Rum*
- *6 EL Schlagsahne*
- *200 g Puderzucker*
- *2 EL Zitronensaft*
- *Bunte Zuckereier zum Garnieren*

1 Für den Teig das Mehl in eine Schüssel sieben und eine Vertiefung in die Mitte drücken. Hefe und 1 Teelöffel Zucker in 100 Milliliter lauwarmer Milch verquirlen und in die Vertiefung gießen. Etwas Mehl vom Rand zugeben und einen breiartigen Vorteig bereiten. Zugedeckt an einem warmen Ort 20 Minuten gehen lassen.

2 75 Gramm Zucker, Salz und die Butter in Flöckchen gleichmäßig auf dem Mehlrand verteilen. Von der Mitte her alles zu einem glatten Teig verkneten, dabei die restliche Milch zugeben. Den Teig so lange kneten, bis er sich vom Schüsselboden löst und anschließend zugedeckt nochmals 30 Minuten an einem warmen Ort gehen lassen.

3 Den Teig kräftig durchkneten, auf der bemehlten Arbeitsfläche zu einem Rechteck ausrollen und mit Hagebuttenkonfitüre bestreichen. Die Aprikosen klein schneiden. Mit Mandeln, Korinthen, 3 Esslöffel Zucker, Rum und Schlagsahne vermischen und auf der Konfitüre verteilen. Den Teig gleichmäßig aufrollen und zu einem Kranz formen.

4 Das Backblech ausbuttern und den Kranz vorsichtig darauf legen. Den Kranz am Rand alle 2 Zentimeter einschneiden und nochmals 15 Minuten gehen lassen. Im vorgeheizten Backofen bei 200 °C etwa 45 Minuten backen. Herausnehmen und auskühlen lassen.

5 Für die Glasur Puderzucker und Zitronensaft zu einem glatten Brei verrühren. Den Osterkranz gleichmäßig mit Zuckerguss überziehen und mit den Zuckereiern dekorieren.

Tipp Anstelle eines Kranzes können Sie auch einen Osterzopf flechten. Dafür schneiden Sie 3 Rechtecke zu, bestreichen sie jeweils mit ⅓ der Konfitüre und bestreuen sie mit ⅓ der Füllung. Die einzelnen Platten aufrollen und strahlenförmig nebeneinander legen. Die 3 Stränge von der Mitte nach unten wie einen Zopf miteinander verflechten. Das Teil vorsichtig drehen und die andere Seite fertig flechten. Richtig frühlingshaft wird der Kranz, wenn Sie den Zuckerguss zusätzlich mit einigen Tropfen flüssiger Speisefarbe hellgrün färben.

Milchzopf

Zutaten
- *1 kg Mehl*
- *50 g Hefe*
- *125 g Zucker*
- *400 ml Butter-milch*
- *1 kräftige Prise Salz*
- *1 TL abgeriebene, unbehandelte Zitronenschale*
- *100 g Butter*
- *4 EL Rum*
- *2 Eigelb*
- *3 EL Milch*

1 Das Mehl in eine Schüssel sieben, in die Mitte eine Vertiefung drücken. Die Hefe zerbröckeln und mit dem Zucker in lauwarmer Buttermilch verrühren. In die Vertiefung gießen, einen Vorteig herstellen. Zugedeckt an einem warmen Ort 30 Minuten gehen lassen.

2 Auf dem Mehlrand Salz, Zitronenschale und Butter in Flöckchen verteilen. Alles mit Rum beträufeln und von der Mitte her kräftig verkneten. 1 Stunde gehen lassen.

3 Den Teig durchkneten, in 6 gleich große Stücke teilen, diese zu Strängen rollen und zu einem Zopf flechten. Dafür 3 Stränge strahlenförmig nach links, 3 nach rechts legen. Erst den äußersten linken, dann darüber den äußersten rechten Strang in die Mitte legen, weiterflechten.

4 Den Zopf auf ein gebuttertes Blech legen. Eigelb und Milch verrühren, den Zopf damit bestreichen, 10 Minuten gehen lassen. Im vorgeheizten Ofen bei 180 °C etwa 50 Minuten backen.

Osterkolatsche

Zutaten
- *600 g Mehl*
- *35 g Hefe*
- *1 EL Zucker*
- *1/4 l Milch*
- *4 Eigelb*
- *2 EL weiche Butter*
- *1 Prise Salz*
- *200 g Mandelstifte*

1 Mehl in eine Schüssel sieben und eine Vertiefung in die Mitte drücken. Hefe mit dem Zucker in 1/8 Liter warmer Milch verrühren, in die Vertiefung gießen und einen Vorteig rühren. 20 Minuten gehen lassen.

2 2 Eigelb, Butter und Salz hinzugeben. Alles gut verkneten, dabei nach und nach die restliche Milch zugeben. Zugedeckt weitere 45 Minuten gehen lassen.

3 Den Teig in 3 Stücke teilen, auf der bemehlten Arbeitsfläche zu gleichmäßigen Strängen rollen und zu einem Zopf flechten. Ein Backblech buttern. Die Kolatsche vorsichtig darauf legen, mit dem restlichen verquirlten Eigelb bestreichen und mit Mandelstiften bestreuen. Im vorgeheizten Backofen bei 200 °C etwa 35 Minuten backen. Auf dem Kuchengitter abkühlen lassen.

Ananaszopf

Zutaten

- 500 g Mehl
- 30 g Hefe
- 100 g Zucker
- 200 ml Milch
- 125 g kandierte Ananas
- 50 g Zitronat
- 2 Eier
- 1 Prise Salz
- ½ TL abgeriebene, unbehandelte Orangenschale
- 80 g gehackte Haselnüsse
- 50 g gehackte Walnüsse
- 4 EL Aprikosenkonfitüre
- 150 g Puderzucker

1 Das Mehl in eine Schüssel sieben und eine Vertiefung in die Mitte drücken. Hefe und 1 Teelöffel Zucker in 100 Milliliter lauwarmer Milch verrühren, in die Vertiefung gießen und mit etwas Mehl vom Rand zu einem breiartigen Vorteig verrühren. Die Schüssel zudecken und 20 Minuten an einen warmen Platz stellen.

2 Ananas und Zitronat sehr fein schneiden. Auf dem Mehlrand gleichmäßig den restlichen Zucker, Eier, Salz, Orangenschale, Ananas, Zitronat, Haselnüsse und Walnüsse verteilen. Alles von der Mitte her zu einem glatten, geschmeidigen Teig verkneten, dabei nach und nach auch die restliche Milch zufügen. Den Teig an einem warmen Platz zugedeckt nochmals 1 Stunde gehen lassen.

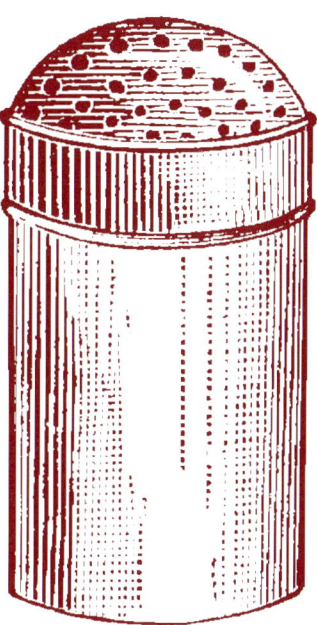

3 Den Teig ein letztes Mal kräftig durchkneten, teilen und auf der leicht bemehlten Arbeitsfläche zu 2 Strängen rollen. Die Stränge nebeneinander legen und von der Mitte bis zum unteren Ende umeinander schlingen. Den Zopf vorsichtig umdrehen und die zweite Hälfte flechten.

4 Ein Backblech buttern, den Zopf darauf legen und im vorgeheizten Backofen bei 200 °C etwa 35 Minuten backen. Herausnehmen und auskühlen lassen. Die Aprikosenkonfitüre durch ein Sieb streichen, mit 1 Esslöffel Wasser verrühren und leicht erwärmen. Den Zopf gleichmäßig damit bestreichen und dick mit Puderzucker bestäuben.

Mohnzopf

Zutaten
- *500 g Mehl*
- *30 g Hefe*
- *325 g Zucker*
- *350 ml Milch*
- *1½ TL abgeriebene, unbehandelte Zitronenschale*
- *1 Prise Salz*
- *500 g gemahlener Mohn*
- *80 g Butter*
- *100 g gehackte Mandeln*
- *4 EL Honig*
- *100 g gewaschene Korinthen*
- *8 EL Kaffeesahne*
- *2 Eiweiß*

1 Das Mehl in eine Schüssel sieben, in die Mitte eine Vertiefung drücken. Die Hefe mit 1 Esslöffel Zucker in ⅛ Liter lauwarmer Milch verquirlen und in die Vertiefung gießen. Etwas Mehl vom Rand einrühren und einen breiartigen Vorteig anrühren. Zugedeckt an einem warmen Ort 20 Minuten gehen lassen.

2 Die Zutaten verkneten, dabei 120 Gramm Zucker, nochmals ⅛ Liter Milch, ½ Teelöffel abgeriebene Zitronenschale und Salz zugeben. Den Teig kräftig durchkneten und zugedeckt an einem warmen Ort 45 Minuten gehen lassen.

3 Mohn, verbliebenen Zucker, restliche Zitronenschale, Butter, Mandeln, Honig, Korinthen, 4 Esslöffel Kaffeesahne und die restliche Milch in einen Topf geben, unter Rühren erhitzen und 5 Minuten unter ständigem Rühren köcheln lassen. Die Mischung vom Herd nehmen und auf 30 °C auskühlen lassen. Das Eiweiß steif schlagen und vorsichtig unterheben.

4 Den Teig kräftig durchkneten, in 2 Stücke teilen und auf der bemehlten Arbeitsfläche ausrollen. Die Mohnmasse auf den Teigplatten verteilen und diese aufrollen. Beide Rollen nebeneinander legen und von der Mitte nach unten eine Rolle um die andere schlingen. Den Zopf vorsichtig umdrehen und die andere Seite fertig stellen. Ein Backblech ausbuttern, den Mohnzopf darauf legen und 10 Minuten gehen lassen. Mit der restlichen Kaffeesahne bestreichen und im vorgeheizten Backofen bei 200 °C etwa 40 Minuten goldgelb backen.

Variante Wer es gerne süß mag, kann den Mohnzopf zusätzlich glasieren. Dafür sieben Sie 200 Gramm Puderzucker in eine Schüssel und verrühren ihn mit 1 bis 2 Esslöffel Zitronensaft und 20 Gramm weicher Butter. Den Kranz mit dem Zuckerguss überziehen. Wem das noch nicht genügt, der kann den Mohnzopf zusätzlich mit kandierten Kirschen und kandierter Limonenschale dekorieren.

Apfelrolle

1 Das Mehl in eine Schüssel sieben. In die Mitte eine Vertiefung drücken. Die Hefe mit 1 Teelöffel Zucker in 100 Milliliter lauwarmer Milch verquirlen und in die Vertiefung gießen. Etwas Mehl vom Rand zugeben und alles zu einem breiartigen Vorteig rühren. Zugedeckt an einem warmen Ort 20 Minuten gehen lassen.

2 Auf dem Mehlrand den restlichen Zucker, die Butter in Flöckchen, Ei, Zitronenschale und Salz gleichmäßig verteilen. Von der Mitte her alles zu einem glatten, geschmeidigen Teig verkneten, dabei nach und nach die restliche Milch zugeben. Den Teig zugedeckt nochmals 45 Minuten gehen lassen.

3 Die Äpfel schälen und in Viertel schneiden, dabei das Kerngehäuse entfernen. Das Fruchtfleisch in dünne Spalten schneiden. Die Korinthen waschen und gründlich abtropfen lassen. Den Teig durchkneten, auf der bemehlten Arbeitsfläche zu einem Rechteck ausrollen und mit Aprikosenkonfitüre bestreichen. Äpfel, Korinthen und Mandeln gleichmäßig darauf verteilen.

4 Den Teig vorsichtig aufrollen, mit Butter bestreichen und mit Zucker bestreuen. Ein Backblech buttern, die Rolle auflegen, zu einem »U« formen und 20 Minuten gehen lassen. Mit Kaffeesahne bestreichen und im vorgeheizten Backofen bei 200 °C etwa 40 Minuten backen. Herausnehmen und auf einem Kuchengitter völlig abkühlen lassen.

Tipp Die Apfelrolle erinnert an einen klassischen Apfelstrudel. Der Hefeteig ist allerdings viel leichter herzustellen als Strudelteig, der vor dem Füllen hauchdünn ausgezogen werden muss. Die Füllung aus Äpfeln, Rosinen und Mandeln ist jedoch sehr ähnlich. Wer mag, kann daher wie beim Wiener Strudel zusätzlich dicke Kleckse saure Sahne auf der Apfel-Mandel-Mischung verteilen und die Füllung dadurch zusätzlich aromatisieren. Natürlich hängt der Geschmack des Kuchens in erster Linie von den verwendeten Äpfeln ab. Für die Apfelrolle eignen sich säuerliche Apfelsorten besonders gut. Beliebte Sorten zum Kuchenbacken sind beispielsweise Berlepsch, Glockenapfel und Boskop.

Zutaten
- 500 g Mehl
- 30 g Hefe
- 80 g Zucker
- 200 ml Milch
- 80 g Butter
- 1 Ei
- ½ TL abgeriebene, unbehandelte Zitronenschale
- 1 Prise Salz
- 1 kg Äpfel
- 125 g Korinthen
- 300 g Aprikosenkonfitüre
- 125 g gehackte Mandeln
- 4 EL Kaffeesahne

Marzipanzopf

Zutaten
- 500 g Mehl
- 30 g Hefe
- 80 g Zucker
- 200 ml Milch
- 2 Eier
- 1 Prise Salz
- 100 g Butter
- 400 g Marzipanrohmasse
- 350 g Puderzucker
- 150 g gehackte Mandeln
- 4 EL Kirschwasser
- 1 Eigelb
- 3 EL Zitronensaft

1 Für den Teig das Mehl in eine Schüssel sieben und eine Vertiefung in die Mitte drücken. Hefe und 1 Teelöffel Zucker in 100 Milliliter Milch verquirlen. Die Flüssigkeit in die Vertiefung gießen, etwas Mehl vom Rand zufügen und einen breiartigen Vorteig bereiten. Zugedeckt an einem warmen Platz ohne Zugluft 20 Minuten gehen lassen.

2 Den restlichen Zucker, Eier, Salz und Butter in Flöckchen gleichmäßig auf dem Mehlrand verteilen. Die Zutaten von der Mitte her zu einem glatten, geschmeidigen Teig verkneten, dabei nach und nach auch die restliche Milch zugeben. Zugedeckt an einem warmen Platz weitere 45 Minuten gehen lassen.

3 Für die Füllung zerbröckeltes Marzipan, 150 Gramm Puderzucker, Mandeln und Kirschwasser gut verkneten. Den Teig auf der bemehlten Arbeitsfläche nochmals durchkneten und in 3 Stücke teilen. Jedes Teigstück zu einem Rechteck ausrollen, mit der Marzipanmasse bestreichen und aufrollen. Die 3 Rollen nebeneinander legen und zu einem Zopf flechten.

4 Das Backblech ausbuttern, den Zopf vorsichtig darauf legen, mit verquirltem Eigelb bestreichen und nochmals 10 Minuten gehen lassen. Im vorgeheizten Backofen bei 200 °C etwa 35 Minuten backen. Herausnehmen und auf einem Kuchengitter völlig auskühlen lassen. Den restlichen Puderzucker in eine Schüssel sieben, mit dem Zitronensaft verrühren und den Zopf gleichmäßig mit der Glasur überziehen.

Tipp Überraschen Sie Ihre Gäste doch einmal mit einem geflochtenen Marzipankranz. Und so geht's: Teilen Sie den Hefeteig in 2 Stücke und rollen Sie jede Hälfte zu einem langen, schmalen Rechteck aus. Jede Teigplatte mit der Hälfte der Marzipanfüllung bestreichen und aufrollen. Die beiden Stränge wie ein Tau umeinander schlingen, zum Kreis legen und an den Enden flach drücken. Das eine Ende mit Eigelb bestreichen, das zweite darauf legen und festdrücken. Die Übergänge leicht verstreichen oder die beiden Stränge zu einem losen Zopf flechten, zum Kreis legen und an den Enden verbinden.

Panettone

Zutaten

- *500 g Mehl*
- *40 g Hefe*
- *125 g Zucker*
- *200 ml Milch*
- *100 g Zitronat*
- *100 g Orangeat*
- *100 g kandierte Kirschen*
- *100 g Rosinen*
- *175 g Butter*
- *2 Eigelb*
- *2 Eier*
- *1 Prise Salz*
- *1 Prise Muskat*
- *1 TL abgeriebene, unbehandelte Zitronenschale*
- *Puderzucker zum Bestäuben*

1 Das Mehl in eine Schüssel sieben und in die Mitte eine Vertiefung drücken. Die Hefe mit 1 Teelöffel Zucker in 100 Milliliter lauwarmer Milch auflösen, in die Vertiefung gießen und mit Mehl bestäuben. Den Vorteig leicht verquirlen und an einem warmen Ort zugedeckt 20 Minuten gehen lassen.

2 Zitronat, Orangeat und die kandierten Kirschen in kleine Würfel schneiden. Die Rosinen waschen und trockentupfen. Den restlichen Zucker, die Butter in Flöckchen, Eigelb und Eier, Salz, Muskat, Zitronenschale, Orangeat, Zitronat, Kirschen und Rosinen gleichmäßig auf dem Mehlrand verteilen. Alle Zutaten von der Mitte her rasch miteinander verkneten, dabei die restliche Milch zufügen. Zugedeckt an einem warmen Ort nochmals 1 Stunde gehen lassen.

3 Eine hohe Backform ausbuttern. Den Teig kräftig durchkneten, in die Form geben und die Oberfläche mit einem Messer kreuzweise einschneiden. Im vorgeheizten Backofen bei 180 °C etwa 75 Minuten backen. Den Kuchen aus dem Ofen nehmen, 10 Minuten in der Form abkühlen lassen, auslösen und zum völligen Auskühlen auf ein Kuchengitter geben. Mit Puderzucker bestäuben.

Tipp Panettone im Miniformat sind ein köstliches Mitbringsel zur Adventseinladung. Für die kleinen Kuchen verteilen Sie den Teig auf ein Muffinblech. Wichtig: Jedes Muffinfömchen vorher mit einem doppelten Streifen gebutterter Alufolie auslegen, da der Teig sonst überquillt. Die Folie sollte etwa 7 Zentimeter über den Rand hinausstehen, damit die Panettoni ihre typische Form erhalten.

Saftige
Blechkuchen

Dresdner Eierschecke

Zutaten
- 500 g Mehl
- 30 g Hefe
- 425 g Zucker
- ¼ l Milch
- 300 g Butter
- 1 Pck. Vanille-
  zucker
- Salz
- 8 Eier
- 1 kg Quark
- 1 Pck. Vanille-
  pudding
- ½ TL abgeriebene,
  unbehandelte
  Zitronenschale
- 2 EL geriebene
  Mandeln
- 1 EL Stärkemehl
- 3 EL Weinbrand

1 Das Mehl in eine Schüssel sieben und eine Vertiefung in die Mitte drücken. Hefe und 1 Teelöffel Zucker in ⅛ Liter lauwarmer Milch verrühren, in die Vertiefung gießen, etwas Mehl vom Rand dazugeben und alles zu einem breiartigen Vorteig verrühren. Zugedeckt an einem warmen Ort 20 Minuten gehen lassen.

2 120 Gramm Zucker, 150 Gramm Butter, Vanillezucker und etwas Salz auf den Mehlrand geben und die Zutaten unter Zugabe der restlichen Milch von der Mitte her verkneten. Zugedeckt 45 Minuten gehen lassen.

3 Den Teig durchkneten und auf der bemehlten Arbeisfläche ausrollen. Ein Backblech ausbuttern, den Teig auflegen und einen Rand hochziehen. Mit einer Gabel mehrmals einstechen.

4 Für den Belag 100 Gramm Butter schaumig schlagen. Nach und nach 200 Gramm Zucker, 3 Eier, abgetropften Quark, Puddingpulver, Zitronenschale, etwas Salz und Mandeln untermischen. Die Masse gleichmäßig auf den Teigboden aufstreichen.

5 Das Stärkemehl mit dem restlichen Zucker, 5 Eiern und der übrigen Butter verrühren. Den Weinbrand zugeben. Die Masse im heißen Wasserbad so lange schlagen, bis sie dick und cremig ist, auf der Quarkmasse verteilen.

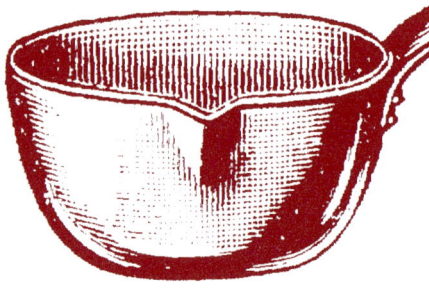

6 Den Kuchen im vorgeheizten Backofen bei 200 °C etwa 45 Minuten backen. Dabei unbeding regelmäßig kontrollieren, ob die Eiercreme nicht zu dunkel wird. Notfalls den Kuchen mit Alufolie abdecken.

Freiberger Eierschecke

1 Das Mehl in eine Schüssel sieben, in die Mitte eine Vertiefung drücken. Hefe und 1 Teelöffel Zucker in ⅛ Liter Milch verrühren und in die Vertiefung gießen. Etwas Mehl vom Rand dazugeben und einen Vorteig bereiten. Zugedeckt 20 Minuten gehen lassen.

2 100 Gramm Zucker, Salz und 100 Gramm Butter auf dem Mehlrand verteilen. Die Zutaten von der Mitte her gut miteinander verkneten, dabei die restliche Milch zufügen. Zugedeckt nochmals

45 Minuten gehen lassen. Den Teig auf der bemehlten Arbeitsfläche ausrollen, auf ein gebuttertes Blech legen und einen Rand hochziehen. Mit einer Gabel den Teig mehrmals einstechen.

3 Für den Belag die Rosinen mit dem Rum vermischen. Butter, Zucker und Eier schaumig schlagen. Rosinen und Mandeln gleichmäßig auf dem Teig verteilen und die Butter-Eier-Masse darüber gießen. Im vorgeheizten Backofen bei 200°C etwa 35 Minuten backen.

Zutaten
- *500 g Mehl*
- *30 g Hefe*
- *300 g Zucker*
- *¼ l Milch*
- *1 Prise Salz*
- *300 g Butter*
- *100 g Rosinen*
- *2 EL Rum*
- *8 Eier*
- *125 g gehackte Mandeln*

Aprikosenschecke

1 500 Gramm Mehl in eine Schüssel sieben und eine Vertiefung in die Mitte drücken. Hefe und 2 Teelöffel Zucker in ⅛ Liter lauwarmer Milch verquirlen und in die Vertiefung gießen. Etwas Mehl aufstäuben. 20 Minuten gehen lassen.

2 100 Gramm Butter in Flöckchen, 100 Gramm Zucker, Salz und ⅛ Liter Milch einarbeiten. 30 Minuten gehen lassen.

3 Aprikosen halbieren und entsteinen. Die restliche Milch mit 2 Esslöffel Zucker, Eiern und Zitronenschale verrühren. Den Teig ausrollen, auf ein Blech legen und einen Rand hochziehen. Die Aprikosen auflegen und den Eierguss darüber gießen. Aus Mehl, Butter und Zucker Streusel reiben, aufstreuen und die Schecke im vorgeheizten Backofen bei 200°C 25 Minuten backen.

Zutaten
- *700 g Mehl*
- *30 g Hefe*
- *330 g Zucker*
- *½ l Milch*
- *300 g Butter*
- *1 Prise Salz*
- *2 kg Aprikosen*
- *4 Eier*

Böhmische Eierschecke

- *500 g Mehl*
- *30 g Hefe*
- *380 g Zucker*
- *350 ml Milch*
- *260 g Butter*
- *1 Pck. Vanille-zucker*
- *Salz*
- *1 TL abgeriebene, unbehandelte Zitronenschale*
- *6 geriebene bittere Mandeln*
- *150 g Rosinen*
- *6 EL Rum*
- *8 Eier*
- *1 kg Quark*
- *1 Pck. Mandel-pudding*
- *100 ml Milch*
- *1 Pck. Vanille-zucker*

1 Das Mehl in eine Schüssel sieben und in die Mitte eine Vertiefung drücken. Hefe und 1 Teelöffel Zucker in ⅛ Liter lauwarmer Milch verrühren. Die Flüssigkeit behutsam in die Vertiefung gießen, etwas Mehl vom Rand zugeben und alles zu einem breiartigen Vorteig verrühren. An einem warmen Ort 20 Minuten zugedeckt gehen lassen.

2 100 Gramm Zucker, 80 Gramm Butter, Vanillezucker, etwas Salz, ½ Teelöffel Zitronenschale und die Hälfte der Bittermandeln gleichmäßig auf dem Mehlrand verteilen, alles von der Mitte her gut miteinander verkneten. Dabei nach und nach noch ⅛ l Milch einarbeiten. Zudecken und den Teig an einem warmen Ort weitere 45 Minuten gehen lassen.

3 Den Teig auf der bemehlten Arbeitsfläche nochmals kräftig durchkneten und anschließend mit dem Nudelholz etwa fingerdick ausrollen. Ein Backblech ausbuttern, den Teig auflegen und einen Rand hochziehen. Mit einer Gabel den Teig mehrmals einstechen, damit er beim Backen nicht ungleichmäßig aufgeht.

4 Für die Quarkmasse die Rosinen in eine Tasse geben und mit 3 Esslöffel Rum beträufeln. 100 Gramm Butter schaumig schlagen. 200 Gramm Zucker, 4 Eier, den abgetropften Quark, Puddingpulver, Milch, etwas Salz und Zitronenschale unterrühren. Zuletzt die abgetropften Rumrosinen zugeben. Die Masse so lange schlagen, bis sie schön cremig ist. Dann mit einem Spatel gleichmäßig auf dem Teigboden verstreichen.

5 Für die Schaummasse die letzten Eier trennen. Die restliche Butter schaumig schlagen. Den übrigen Zucker, Vanillezucker, die restlichen Bittermandeln, etwas Salz, Eigelb und Rum unterrühren. Das Eiweiß steif schlagen und vorsichtig unterheben.

6 Die Schaummasse gleichmäßig mit dem Spatel auf den Quark streichen und den Kuchen sofort in den vorgeheizten Backofen (200 °C) schieben. Etwa 45 Minuten goldgelb backen. Während dieser Zeit regelmäßig kontrollieren, ob der Belag zu dunkel wird. Eventuell die Oberhitze reduzieren oder Alufolie auflegen.

Kirmeskuchen

1 500 Gramm Mehl in eine Schüssel sieben, in die Mitte eine Vertiefung drücken. Hefe und 1 Teelöffel Zucker in ⅛ Liter lauwarmer Milch verquirlen, in die Vertiefung gießen, mit etwas Mehl vom Rand bestäuben und einen breiartigen Vorteig anrühren. Zugedeckt an einem warmen Ort 20 Minuten gehen lassen.

2 75 Gramm Zucker, Salz und 80 Gramm Butter gleichmäßig auf dem Mehlrand verteilen und alles gut verkneten, dabei nach und nach noch ⅛ Liter Milch einarbeiten. Den Teig kräftig kneten, bis er sich vom Schüsselboden löst und schön glänzt. Zugedeckt nochmals 45 Minuten gehen lassen.

3 Für den Belag die Rosinen unter fließendem Wasser kurz abbrausen und gründlich abtropfen lassen. Mit dem Weinbrand beträufeln. 100 Gramm Butter in eine Schüssel geben und mit 200 Gramm Zucker und den Eiern cremig rühren. Nach und nach den abgetropften Quark, das Puddingpulver, die restliche Milch, das Salz, die Zitronenschale und die Weinbrandrosinen untermischen.

4 Für die Streusel das übrig gebliebene Mehl in eine Schüssel sieben. Die letzten 150 Gramm Butter in Flöckchen und den restlichen Zucker zugeben und alles zu Streuseln verarbeiten.

5 Ein Backblech ausbuttern. Den Teig zusammenstoßen, auf der bemehlten Arbeitsfläche ausrollen und auf das Backblech geben. Einen Rand hochziehen und den Teig mehrmals mit der Gabel einstechen. Die Quarkmasse gleichmäßig aufstreichen und mit Streuseln bestreuen. Den Kuchen im vorgeheizten Backofen bei 200 °C etwa 40 Minuten backen.

Tipp Der Teig für Streusel muss ganz trocken sein. Verkneten Sie deshalb kühlschrankkalte Butter mit Zucker und Mehl und geben Sie weder Eier noch Milch zu. Am einfachsten lassen sich die Streusel zwischen den Handflächen reiben. Man kann die Zutaten jedoch auch mit 2 Gabeln vermengen. Wenn Sie den Zutaten 1 Messerspitze Zimt, Lebkuchengewürz oder Kakao zufügen, lässt sich der Geschmack der Streusel ganz schnell verändern.

Zutaten
- *700 g Mehl*
- *30 g Hefe*
- *430 g Zucker*
- *350 ml Milch*
- *Salz*
- *330 g Butter*
- *150 g Rosinen*
- *3 EL Weinbrand*
- *3 Eier*
- *1 kg Quark*
- *1 Pck. Vanillepudding*
- *½ TL abgeriebene, unbehandelte Zitronenschale*

Kleckselkuchen

1 Für den Teig 500 Gramm Mehl in eine Schüssel sieben und in die Mitte eine Vertiefung drücken. Die Hefe mit 1 Teelöffel Zucker in ⅛ Liter lauwarmer Milch verquirlen und in die Vertiefung gießen. Einen breiartigen Vorteig anrühren. 100 Gramm Zucker, Salz und 50 Gramm Butter auf dem Mehlrand anordnen. Zugedeckt 20 Minuten gehen lassen.

2 Die Zutaten verkneten, dabei noch ⅛ Liter Milch einarbeiten. Zugedeckt weitere 45 Minuten gehen lassen.

3 Rosinen in Weinbrand einweichen. Den Quark durch ein Sieb streichen. Eigelb, 50 Gramm Butter und 125 Gramm Zucker schaumig schlagen. 2 Esslöffel Milch zugeben und den Quark portionsweise unterrühren. Stärkemehl, 2 Esslöffel Zitronensaft und Rosinen zugeben und die Masse schlagen, bis sie cremig ist.

4 50 Gramm Butter zerlassen, Mohn, Mandeln und ⅛ Liter Milch einrühren. Die Mischung zum Kochen bringen und 5 Minuten köcheln lassen, dabei ständig weiterrühren. Zwiebackbrösel, 3 Esslöffel Zucker und 1 Messerspitze Zimt zufügen. Alles noch einmal aufkochen lassen, dann völlig auskühlen lassen. Zwischendurch mehrmals umrühren.

5 Den Teig zusammenstoßen, durchkneten und auf der bemehlten Arbeitsfläche ausrollen. Das Backblech ausbuttern, den Teig darauf geben, einen Teigrand hochziehen und den Teig mehrmals mit einer Gabel einstechen. Mit einem Esslöffel abwechselnd Quark- und Mohnmasse auf dem Teig verteilen.

6 Äpfel schälen und vierteln, dabei das Kerngehäuse entfernen. Fruchtfleisch in Spalten schneiden und mit Zitronensaft beträufeln. Apfelschnitze zwischen den Quark- und Mohnklecksen anordnen.

7 Für die Streusel die Reste von Mehl, Zucker und Zimt vermischen. Die letzten 100 Gramm Butter in Flöckchen zugeben, alles zu Streuseln vermengen und auf den Kuchen streuen. Im vorgeheizten Backofen bei 200 °C etwa 40 Minuten backen. Herausnehmen und mit Puderzucker bestäuben.

Zutaten

- 600 g Mehl
- 30 g Hefe
- 380 g Zucker
- 375 ml Milch
- 1 Prise Salz
- 250 g Butter
- 100 g Rosinen
- 4 EL Weinbrand
- 500 g Quark
- 3 Eigelb
- 1 EL Stärkemehl
- 6 EL Zitronensaft
- 200 g gemahlener Mohn
- 50 g gemahlene Mandeln
- 3 EL Zwiebackbrösel
- 2 Msp. Zimt
- 4 säuerliche Äpfel
- Puderzucker zum Bestäuben

Quarkkuchen mit Schokoguss

Zutaten
- 500 g Mehl
- 30 g Hefe
- 50 g Zucker
- ¼ l Milch
- 1 TL abgeriebene, unbehandelte Zitronenschale
- 100 g Butter
- 2 Eier
- 2 Eigelb
- 500 g Quark
- 200 g Crème fraîche
- 100 ml Schlagsahne
- 150 g gehackte Mandeln
- 200 g Rosinen
- 250 g Puderzucker
- 3 EL Kakao

1 Das Mehl in eine Schüssel sieben und eine Vertiefung in die Mitte drücken. Hefe und Zucker in ⅛ Liter lauwarmer Milch verquirlen, in die Vertiefung gießen und mit etwas Mehl vom Rand zu einem breiartigen Vorteig verrühren. Zugedeckt 20 Minuten gehen lassen.

2 Die Zitronenschale und 80 Gramm Butter in Flöckchen auf dem Mehlrand anordnen. Die Zutaten von der Mitte her gut miteinander verkneten, dabei die restliche Milch zufügen. Zugedeckt 45 Minuten gehen lassen.

3 Inzwischen für den Belag Eier, Eigelb, Quark, Crème fraîche und Schlagsahne verrühren. Den Teig nochmals durchkneten und auf der bemehlten Arbeitsfläche ausrollen. Ein Backblech ausbuttern, den Teig auflegen und einen Rand hochziehen. Mit einer Gabel den Teig mehrmals einstechen.

4 Mandeln und Rosinen auf den Teig streuen und den Quark aufstreichen. Den Kuchen im vorgeheizten Backofen bei 200 °C etwa 35 Minuten backen. Herausnehmen und völlig auskühlen lassen.

5 Für den Guss den Puderzucker in eine Schüssel sieben. Kakao, 2 Esslöffel heißes Wasser und die restliche Butter zufügen. Alles glatt rühren und den Kuchen gleichmäßig überziehen.

Tipp Wenn Sie auf den kalorienhaltigen Schokoladenguss verzichten möchten, können Sie den Kuchen auch mit Puderzucker bestäuben.

Rhabarberkuchen

Zutaten
- 400 g Mehl
- 25 g Hefe
- 660 g Zucker
- 200 ml Milch
- 140 g Butter
- 3 Eier
- Salz
- 2 TL abgeriebene, unbehandelte Zitronenschale
- 1,5 kg Rhabarber
- ½ TL Zimt
- 200 ml Schlagsahne
- 1–2 TL Rum

1 Das Mehl in eine Schüssel sieben und eine Vertiefung in die Mitte drücken. Die Hefe mit 2 Teelöffel Zucker in 100 Milliliter lauwarmer Milch verquirlen und in die Vertiefung gießen. Etwas Mehl vom Rand darüber stäuben und einen breiartigen Vorteig anrühren. Zugedeckt an einen warmen Platz stellen und 20 Minuten gehen lassen.

2 Auf dem Mehlrand 100 Gramm Zucker, 100 Gramm Butter in Flöckchen, 1 Ei, 1 Prise Salz und 1 Teelöffel Zitronenschale verteilen. Die Zutaten von der Mitte her zu einem glatten und geschmeidigen Teig verkneten, dabei nochmals 100 Milliliter Milch zufügen. Zugedeckt an einem warmen Platz 45 Minuten gehen lassen.

3 Für den Belag den Rhabarber putzen, waschen und in etwa 5 Zentimeter lange Stücke schneiden. In eine Schüssel füllen, mit 500 Gramm Zucker bestreuen und 30 Minuten ziehen lassen. Rhabarberstücke, Saft, Zimt und restliche Zitronenschale in einem Topf erhitzen. Bei kleiner Hitze etwa 20 Minuten köcheln lassen, bis das Kompott dickflüssig ist.

4 Den Teig zusammenstoßen, durchkneten und auf der bemehlten Arbeitsfläche ausrollen. Ein Backblech ausbuttern, den Teig auflegen, mit einer Gabel mehrmals einstechen, einen Rand hochziehen. Den Teig mit der restlichen Butter bestreichen und mit 2 Esslöffel Zucker bestreuen. Die Rhabarbermasse aufstreichen. Den Kuchen im vorgeheizten Backofen bei 200 °C etwa 20 Minuten backen.

5 Für den Rahmguss die beiden letzten Eier trennen. Eigelb und verbliebenen Zucker schaumig schlagen. Schlagsahne und Rum unterrühren. Den Eischnee mit etwas Salz steif schlagen und vorsichtig unterheben. Die Masse gleichmäßig auf dem Rhabarber verstreichen und den Kuchen in 15 Minuten fertig backen.

Mohn-Quark-Kuchen

Zutaten
- 500 g Mehl
- 30 g Hefe
- 220 g Zucker
- 450 ml Milch
- 330 g Butter
- 1 Pck. Vanille-
  zucker
- 4 Eier
- Salz
- 1 EL Grieß
- 250 g gemahlener
  Mohn
- 1 Msp. Zimt
- 100 g Sultaninen
- 400 g Sahnequark
- 100 g Crème
  fraîche
- 1 EL Stärkemehl
- 6 EL Schlagsahne
- 225 g gehackte
  Mandeln
- Puderzucker zum
  Bestäuben

1 Für den Teig das Mehl in eine Schüssel sieben, in die Mitte eine Vertiefung drücken. Hefe und 1 Teelöffel Zucker in 100 Milliliter lauwarmer Milch verrühren. Die Flüssigkeit in die Vertiefung gießen und etwas Mehl vom Rand zufügen. An einem warmen Platz 20 Minuten zugedeckt gehen lassen.

2 Auf dem Mehlrand gleichmäßig die Butter in Flöckchen, 95 Gramm Zucker, Vanillezucker, 1 Ei und 1 Prise Salz verteilen. Die Zutaten von der Mitte her zu einem glatten, geschmeidigen Teig verkneten. Dabei weitere 100 Milliliter Milch einarbeiten. Zugedeckt an einem warmen Platz 45 Minuten gehen lassen.

3 Für die Mohnmasse ¼ Liter Milch, 50 Gramm Butter, 2 Esslöffel Zucker und etwas Salz in einen Topf geben, kurz aufkochen lassen. Den Topf vom Herd nehmen, den Grieß in die Milch geben und ausquellen lassen. Mohn und Zimt einrühren und die Masse auf Zimmertemperatur auskühlen lassen. Die Sultaninen waschen und gut abtropfen lassen. Mit 1 Ei in die Mohn-Grieß-Masse rühren.

4 Für die Quarkmasse Quark, Crème fraîche, 50 Gramm weiche Butter und 100 Gramm Zucker gut verrühren, 2 Eier, Stärkemehl, Schlagsahne, 1 Prise Salz und 100 Gramm Mandeln unterrühren.

5 Den Teig nochmals kräftig durchkneten und auf der bemehlten Arbeitsfläche ausrollen. Ein Backblech ausbuttern, den Teig auflegen und einen Rand hochziehen. Mit einer Gabel den Teig mehrmals einstechen. Die Mohn- und Quarkmasse in diagonalen Streifen auf dem Teig verteilen und die restlichen Mandeln darüber streuen. Im vorgeheizten Backofen bei 200 °C etwa 40 Minuten backen. Die restliche Butter schmelzen. Den fertigen Kuchen sofort damit bestreichen und mit Puderzucker bestäuben.

Tipp Der Kuchen erhält eine fruchtige Note, wenn Sie die Streifen nicht direkt nebeneinander aufspritzen und die Zwischenräume mit frischen Früchten füllen. Besonders lecker: halbierte Zwetschgen, die mit etwas Zimtzucker bestreut werden. Im Herbst schmecken auch halbierte, entkernte Trauben gut.

Apfelkuchen

Zutaten
- 400 g Mehl
- 25 g Hefe
- 150 g Zucker
- 400 ml Milch
- 200 g Butter
- 1 Ei
- 1 Prise Salz
- 2 TL abgeriebene, unbehandelte Zitronenschale
- 75 g Sultaninen
- 75 g Korinthen
- 4 EL Rum
- ½ Pck. Sahnepudding
- 8 EL Schlagsahne
- 175 g abgetropfter Sahnequark
- 100 g Crème fraîche
- 2 Eigelb
- 2 kg Äpfel
- Saft von 1 Zitrone
- 100 g gehackte Mandeln

1 Das Mehl in eine Schüssel sieben und eine Vertiefung in die Mitte drücken. Die Hefe mit 1 Teelöffel Zucker in 100 Milliliter lauwarmer Milch verquirlen und in die Vertiefung gießen. Etwas Mehl vom Rand darüber stäuben und einen breiartigen Vorteig anrühren. Zugedeckt an einen warmen Platz stellen und 20 Minuten gehen lassen.

2 Auf dem Mehlrand gleichmäßig 100 Gramm Zucker, 100 Gramm Butter in Flöckchen, Ei, Salz und 1 Teelöffel Zitronenschale verteilen. Die Zutaten von der Mitte her zu einem glatten und geschmeidigen Teig verkneten, dabei nach und nach nochmals 100 Milliliter Milch zufügen. Zugedeckt an einem warmen Platz 45 Minuten gehen lassen.

3 Für den Belag Sultaninen und Korinthen unter fließendem Wasser kurz waschen, gründlich abtropfen lassen und mit dem Rum beträufeln. Das Puddingpulver mit 3 Esslöffel Zucker in etwas kalter Milch anrühren. Die restliche Milch mit der Sahne zum Kochen bringen und das Puddingpulver einrühren. Den Pudding einmal aufwallen lassen, vom Herd nehmen und auskühlen lassen. Dabei ab und zu umrühren, damit sich an der Oberfläche keine Haut bildet.

4 Quark und Crème fraîche in eine Schüssel geben. Eigelb, die restliche Zitronenschale und Pudding zufügen und alles gut miteinander verrühren. Die Äpfel schälen, vierteln und in dünne Spalten schneiden, dabei das Kerngehäuse entfernen. Die Fruchtschnitze in eine Schüssel geben und mit Zitronensaft beträufeln, damit sie nicht braun werden. Beiseite stellen.

5 Den Teig zusammenstoßen, durchkneten und auf der bemehlten Arbeitsfläche ausrollen. Ein Backblech ausbuttern, den Teig auflegen, mit einer Gabel mehrmals einstechen, einen Rand hochziehen. Die Quarkmasse gleichmäßig aufstreichen und die Apfelspalten dicht darauf anordnen. Mit Rosinen, Korinthen und Mandeln bestreuen. Die letzten 100 Gramm Butter in Flöckchen aufsetzen und den restlichen Zucker aufstreuen. Im vorgeheizten Backofen bei 200 °C etwa 35 Minuten backen.

Aprikosenkuchen

1 Das Mehl in eine Schüssel sieben und eine Vertiefung in die Mitte drücken. Die Hefe mit 1 Teelöffel Zucker in 100 Milliliter lauwarmer Milch verrühren. Die Flüssigkeit in die Vertiefung gießen, etwas Mehl vom Rand einrühren und einen breiartigen Vorteig herstellen. Mit einem Küchentuch bedeckt an einem warmen Platz 20 Minuten gehen lassen.

2 100 Gramm Zucker, Ei, Salz, 100 Gramm Butter und Butterschmalz in Flöckchen sowie den Grieß auf dem Mehlrand verteilen. Die Zutaten von der Mitte her zu einem glatten, geschmeidigen Teig verkneten, dabei nochmals 100 Milliliter Milch zugeben. Zugedeckt 45 Minuten gehen lassen.

3 Für die Creme das Puddingpulver mit 125 Gramm Zucker in etwas kalter Milch verrühren. Die restliche Milch zum Kochen bringen, das Puddingpulver einrühren und alles einmal aufkochen lassen. Den Topf vom Herd nehmen und den Pudding völlig auskühlen lassen. Immer wieder umrühren, damit sich keine Haut bildet. 250 Gramm Butter schaumig schla-

gen und löffelweise in den auf Zimmertemperatur ausgekühlten Pudding einrühren. Die Creme kalt stellen.

4 Den Teig zusammenstoßen, durchkneten und auf der bemehlten Arbeitsfläche ausrollen. Ein Backblech ausbuttern, den Teig auflegen und einen Rand hochziehen. Den Teig mehrmals mit einer Gabel einstechen, dicht mit Aprikosen belegen und mit Mandeln bestreuen. Im vorgeheizten Backofen bei 200 °C etwa 25 Minuten backen. Den Kuchen herausnehmen, auskühlen lassen und gleichmäßig mit der Creme bestreichen. Kalt stellen.

5 Für die Glasur Schokolade und Nugat unter Rühren im heißen Wasserbad zum Schmelzen bringen. Das Kokosfett schmelzen und mit dem Rum unterrühren. Den Kuchen gleichmäßig mit der Schokoladenglasur überziehen und mit einer Gabel Muster ziehen. Bis zum Servieren kalt stellen.

Tipp Der Aprikosenkuchen schmeckt besonders gut, wenn Sie ihn über Nacht durchziehen lassen.

Kirschkuchen mit Streuseln

Zutaten
- 700 g Mehl
- 30 g Hefe
- 260 g Zucker
- ¼ l Milch
- 100 g Butter
- 1 Ei, Salz
- 1 Prise Muskat
- 1,5 kg entsteinte Sauerkirschen
- 175 g Butterschmalz
- 100 g gemahlene Mandeln
- 1 TL Zimt

1 500 Gramm Mehl in eine Schüssel sieben, in die Mitte eine Vertiefung drücken. Die Hefe mit 1 Teelöffel Zucker in ⅛ Liter lauwarmer Milch verquirlen und in die Vertiefung geben. Einen breiartigen Vorteig rühren. Zugedeckt 20 Minuten gehen lassen.

2 3 Esslöffel Zucker, Butter in Flöckchen, Ei, Salz und Muskat auf dem Mehlrand verteilen. Alles miteinander verkneten, dabei auch die restliche Milch zufügen. Zugedeckt 45 Minuten gehen lassen.

3 Ein Backblech ausbuttern. Den Teig gut durchkneten, ausrollen und auf das Backblech geben, einen Rand hochziehen. Mit einer Gabel mehrmals einstechen und mit den Kirschen belegen.

4 Je 200 Gramm Mehl und Zucker, das Butterschmalz, Mandeln, Zimt und 1 Prise Salz zu Streuseln kneten und diese auf die Kirschen streuen. Den Kuchen im vorgeheizten Backofen bei 200°C etwa 40 Minuten backen. Sofort mit dem restlichen Zucker bestreuen.

Kirschkuchen mit Guss

Zutaten
- Teig wie oben
- 350 g Quark
- 120 g Zucker
- 3 Eigelb
- 1 EL Mehl
- 1 Eiweiß
- 1 Prise Salz
- 1 kg entsteinte Sauerkirschen
- 3 EL Stärkemehl
- 200 ml Milch
- 4 Eier

1 Einen Teig wie für den Kirschkuchen mit Streuseln zubereiten. Quark mit 2 Esslöffel Zucker, Eigelb und Mehl verrühren. Eiweiß mit Salz schaumig schlagen, unterheben.

2 Den Teig ausrollen, auf ein gebuttertes Blech legen, einen Rand hochziehen. Mehrmals einstechen. Quarkmasse aufstreichen und Sauerkirschen darauf geben.

3 Das Stärkemehl mit dem restlichen Zucker und der Milch verquirlen und zum Kochen bringen. Vom Herd nehmen und etwas auskühlen lassen. Die Eier trennen. Eigelb in die lauwarme Milch rühren. Eiweiß zu steifem Schnee schlagen und unterheben. Über die Sauerkirschen ziehen. Den Kuchen im vorgeheizten Backofen bei 200°C etwa 30 Minuten backen.

Kirschrolle

1 Für den Teig das Mehl in eine Schüssel sieben und in die Mitte eine Vertiefung drücken. Hefe und 1 Teelöffel Zucker in 100 Milliliter lauwarmer Milch verrühren, in die Vertiefung gießen, etwas Mehl vom Rand dazugeben und einen breiartigen Vorteig bereiten. Zugedeckt 20 Minuten gehen lassen.

2 Auf dem Mehlrand 80 Gramm Butter in Flöckchen, 120 Gramm Zucker und das Salz anordnen. Die Zutaten von der Mitte her zu einem glatten, glänzenden Teig verkneten, dabei nach und nach auch die restliche Milch zugeben. Den Teig an einem warmen Platz zugedeckt nochmals 45 Minuten gehen lassen.

3 Ein Backblech ausbuttern. Den Teig nochmals kräftig durchkneten und auf der bemehlten Arbeitsfläche etwa fingerdick ausrollen. Gleichmäßig mit der restlichen Butter bestreichen und mit Grieß bestreuen. Eier, 3 Esslöffel Zucker und Stärkemehl miteinander verschlagen, Weinbrand und Mandeln unterrühren. Die Sauerkirschen auf dem Teig verteilen und mit der Eiermasse begießen.

4 Den Teig vorsichtig aufrollen und die Rolle mit der Naht nach unten auf das Backblech legen. Im vorgeheizten Backofen bei 200 °C etwa 50 Minuten backen. Eventuell mit Alufolie abdecken. Herausnehmen und auf einem Kuchengitter völlig auskühlen lassen.

5 Für die Glasur die Konfitüre durch ein Sieb streichen, leicht erwärmen und mit Rum vermischen. Die Kirschrolle rundum bestreichen und anschließend mit Puderzucker bestäuben.

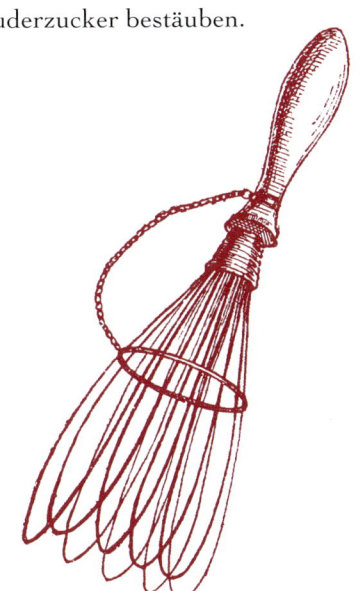

Zutaten
- 450 g Mehl
- 25 g Hefe
- 155 g Zucker
- 200 ml Milch
- 160 g Butter
- 1 Prise Salz
- 1 EL Grieß
- 2 Eier
- 1 EL Stärkemehl
- 1 EL Weinbrand
- 50 g gehackte Mandeln
- 1 kg entsteinte Sauerkirschen
- 150 g Aprikosenkonfitüre
- 4 EL Rum
- Puderzucker zum Bestäuben

Heidelbeer-Schmand-Kuchen

1 Für den Teig das Mehl in eine Schüssel sieben und in die Mitte eine Vertiefung drücken. Die Hefe mit 50 Gramm Zucker in ⅛ Liter lauwarmer Milch verquirlen und in die Vertiefung gießen. Etwas Mehl vom Rand zugeben und einen breiartigen Vorteig rühren. Zugedeckt 15 Minuten gehen lassen.

2 Auf dem Mehlrand die Butter in Flöckchen und 1 Ei anordnen. Die Zutaten von der Mitte her zu einem glatten Teig verkneten und zugedeckt nochmals 45 Minuten gehen lassen.

3 Inzwischen die Heidelbeeren waschen und abtropfen lassen. Den Teig zusammenstoßen, durchkneten und auf der bemehlten Arbeitsfläche ausrollen. Ein Backblech ausbuttern, den Teig auflegen und einen Rand hochziehen. Den Teig mit einer Gabel mehrmals einstechen.

4 Für den Belag den Quark in eine Schüssel geben und mit der restlichen Milch, 1 Ei, Stärkemehl, 3 Esslöffel Zucker, Zitronenschale und Zitronensaft verrühren. Die Quarkmasse gleichmäßig auf den Teig streichen und mit den Heidelbeeren belegen.

5 Den Schmand mit den Eiern und dem restlichen Zucker verrühren und die Heidelbeeren damit überziehen. Den Kuchen im vorgeheizten Backofen bei 200 °C etwa 35 Minuten backen. Falls die Oberfläche zu dunkel wird, mit Alufolie abdecken.

Tipp Waschen Sie die Heidelbeeren sehr behutsam, sonst platzt die dünne Haut und die Beeren werden zu Mus. Am besten geben Sie die Heidelbeeren in ein gefülltes Waschbecken und quirlen das Wasser mit der Hand mehrmals durch. Die Beeren in einem großen Sieb abtropfen lassen, damit sie sich nicht gegenseitig zerdrücken. Anstelle von Heidelbeeren können Sie für diesen Blechkuchen je nach Jahreszeit auch Rhabarber, Kirschen, Stachelbeeren oder Johannisbeeren verwenden.

Zutaten
- *300 g Mehl*
- *20 g Hefe*
- *180 g Zucker*
- *¼ l Milch*
- *80 g Butter*
- *4 Eier*
- *1 kg Heidelbeeren*
- *500 g Quark*
- *2 EL Stärkemehl*
- *½ TL abgeriebene, unbehandelte Zitronenschale*
- *Saft von ½ Zitrone*
- *500 g Schmand*

Brombeerkuchen

1 400 Gramm Mehl in eine Schüssel sieben und eine Vertiefung in die Mitte drücken. Hefe und 1 Teelöffel Zucker in 100 Milliliter lauwarmer Milch verrühren und in die Vertiefung gießen. Mit etwas Mehl vom Rand bestäuben und zu einem breiartigen Vorteig verrühren. Die Schüssel zugedeckt an einen warmen Platz stellen und den Vorteig 20 Minuten gehen lassen.

2 Auf dem Mehlrand 95 Gramm Zucker, die Butter in Flöckchen, Ei, Salz und Zitronenschale gleichmäßig verteilen. Von der Mitte her die Zutaten zu einem glatten, geschmeidigen Teig verkneten, dabei nach und nach auch die restliche Milch zufügen. Den Teig kräftig weiterkneten, bis er sich vom Schüsselboden löst und schön glänzt. Zugedeckt an einem warmen Ort weitere 45 Minuten gehen lassen.

3 Ein Backblech ausbuttern. Den Teig ein letztes Mal kräftig durchkneten, auf der bemehlten Arbeitsfläche etwa fingerdick ausrollen, auf das Backblech geben und einen Rand hochziehen. Den Teig mit einer Gabel mehrmals einstechen.

4 Für den Belag den Sahnequark abtropfen lassen, in eine Schüssel geben und mit Crème fraîche, 1 Eigelb, Vanillezucker und Orangenschale verrühren. Die Mischung gleichmäßig auf dem Teig verstreichen und mit Brombeeren belegen.

5 Das restliche Mehl und den letzten Zucker, 1 Eigelb und Butterschmalz verkneten und mit den Händen zu Streuseln reiben. Die Streusel auf den Brombeeren verteilen. Den Kuchen im vorgeheizten Backofen bei 200°C etwa 30 Minuten backen. Herausnehmen, auskühlen lassen und mit Puderzucker bestäuben.

Tipp Wenn Sie ein Beerenfan sind, können Sie auch verschiedene Beeren mischen. Besonders gut schmecken Brombeeren, wenn sie mit Himbeeren kombiniert werden. Gerade im Frühsommer ist aber auch eine Variante nur mit frisch gepflückten Himbeeren sehr lecker. Egal, für welche Beeren Sie sich entscheiden: Brausen Sie sie kurz ab und lassen Sie sie gründlich trocknen. Bei Tiefkühlware müssen Sie die Beeren nach dem Auftauen sehr gründlich abtropfen lassen.

Zwetschgenkuchen

Zutaten
- *350 g Mehl*
- *25 g Hefe*
- *150 g Zucker*
- *200 ml Milch*
- *1 Prise Salz*
- *100 g Butter*
- *1 Ei*
- *½ TL abgeriebene, unbehandelte Zitronenschale*
- *1 Msp. Muskat*
- *2 kg Zwetschgen*
- *100 ml Leinöl*

1 Für den Teig das Mehl in eine Schüssel sieben und in die Mitte eine Vertiefung drücken. Die Hefe mit 1 Teelöffel Zucker in 100 Milliliter lauwarmer Milch verquirlen, in die Vertiefung gießen und etwas Mehl vom Rand einrühren, sodass ein breiartiger Vorteig entsteht. An einem warmen, nicht zugigen Ort zugedeckt 15 Minuten gehen lassen.

2 95 Gramm Zucker, 1 Prise Salz, die Butter in Flöckchen, das Ei, die Zitronenschale und das Muskat gleichmäßig auf dem Mehlrand verteilen. Die Zutaten von der Mitte her zu einem glatten elastischen Teig verkneten, dabei nach und nach auch die restliche Milch zugeben. So lange weiterkneten, bis der Teig schön glänzt und sich vom Schüsselboden löst. Zugedeckt an einem warmen Ort weitere 45 Minuten gehen lassen.

3 Den Teig ein letztes Mal kräftig zusammenstoßen, durchkneten und auf der leicht bemehlten Arbeitsfläche etwa fingerdick ausrollen. Ein Backblech ausbuttern, den Teig darauf geben und einen Rand hochziehen. Mit einer Gabel den Teig mehrmals einstechen, damit er beim Backen nicht ungleichmäßig aufgeht. Nochmals kurz gehen lassen.

4 Die Zwetschgen waschen, halbieren, entsteinen, in der Mitte etwas einschneiden und auf dem Teig anordnen. Das Leinöl darüber träufeln. Den Kuchen im vorgeheizten Backofen bei 200 °C etwa 25 Minuten backen. Herausnehmen und sofort gleichmäßig mit dem restlichen Zucker bestreuen.

Tipp Das Rezept für diesen Zwetschgenkuchen stammt aus Thüringen. Der Boden muss extrem dünn sein, damit der Kuchen richtig saftig wird. Das sanfte Leinöl gibt seinen Teil dazu. Wenn Sie es lieber etwas trockener mögen, rollen Sie den Teig etwas dicker aus und bestreuen die Zwetschgen mit 3 bis 4 Esslöffel Zucker. Dann wird's ein bayerischer Datschi. Noch knuspriger wird der Kuchen, wenn Sie auf den Zwetschgen Streusel aus je 200 Gramm Butter, Mehl und Zucker verteilen. In beiden Fällen das Leinöl weglassen und den Kuchen mit Schlagsahne servieren.

Streifenkuchen

1 Das Mehl in eine Schüssel sieben, in die Mitte eine Vertiefung drücken. Die Hefe mit 1 Teelöffel Zucker in 100 Milliliter lauwarmer Milch verrühren und in die Vertiefung gießen. Etwas Mehl vom Rand zufügen und alles zu einem breiartigen Vorteig verrühren. Zugedeckt an einem warmen Ort 20 Minuten gehen lassen.

2 Den restlichen Zucker, 1 Ei und Zitronenschale auf dem Mehlrand anordnen. Von der Mitte her zu einem glatten und geschmeidigen Teig verkneten und dabei die restliche Milch einarbeiten. Zugedeckt an einem warmen Ort weitere 45 Minuten gehen lassen.

3 Den Teig ein letztes Mal kräftig durchkneten und auf der leicht bemehlten Arbeitsfläche fingerdick ausrollen. Ein Backblech ausbuttern, den Teig auflegen und einen Rand hochziehen. Den Teig mit einer Gabel mehrmals einstechen.

4 Für den Belag Butter und Puderzucker gut verrühren. Eigelb, Weinbrand und Kokosraspeln untermischen und zuletzt das steif geschlagene Eiweiß vorsichtig unterziehen. Die Masse in einen Spritzbeutel mit großer Lochtülle füllen. In Abständen von 2 Zentimetern diagonale Streifen auf den Teigboden spritzen. Die Hagebuttenkonfitüre ebenfalls in einen Spritzbeutel mit einer großen Lochtülle füllen und in die Zwischenräume spritzen.

5 Den Kuchen im vorgeheizten Backofen bei 180 °C 20 Minuten backen. Inzwischen für den Guss Schlagsahne, die beiden letzten Eier und Honig verrühren.

6 Die Masse auf den Kuchen streichen, den Rohrzucker aufstreuen und den Kuchen in etwa 10 Minuten fertig backen. Vor dem Servieren nach Belieben mit Puderzucker bestäuben.

Tipp Natürlich schmeckt der Streifenkuchen auch mit anderer Konfitüre. Sie sollte jedoch rot sein, damit der Farbkontrast bleibt. Im Sommer können Sie anstelle von Konfitüre zwischen die Kokosbaiserstreifen auch 1 Kilogramm entsteinte Sauerkirschen, Trauben oder Johannisbeeren füllen. Dann schmeckt der Kuchen besonders fruchtig.

Zutaten
- *400 g Mehl*
- *25 g Hefe*
- *100 g Zucker*
- *200 ml Milch*
- *3 Eier*
- *1 TL abgeriebene, unbehandelte Zitronenschale*
- *300 g Butter*
- *150 g Puderzucker*
- *2 Eigelb*
- *2 EL Weinbrand*
- *300 g Kokosraspel*
- *3 Eiweiß*
- *600 g Hagebutten-konfitüre*
- *200 ml Schlag-sahne*
- *2 EL Honig*
- *3 EL brauner Rohrzucker*
- *Puderzucker zum Bestäuben*

Rahmkuchen

Zutaten

- *300 g Mehl*
- *25 g Hefe*
- *275 g Zucker*
- *⅝ l Milch*
- *60 g Butter*
- *1 kräftige Prise Salz*
- *200 g Sultaninen*
- *3 EL Rum*
- *3 Pck. Vanillepudding*
- *1 Msp. Zimt*
- *100 g gehackte Mandeln*
- *4 Eier*
- *250 g Schmand*

1 Das Mehl in eine Schüssel sieben, eine Vertiefung in die Mitte drücken. Hefe und 50 Gramm Zucker in ⅛ Liter lauwarmer Milch verrühren. Die Flüssigkeit in die Vertiefung gießen, etwas Mehl vom Rand einrühren und einen breiartigen Vorteig herstellen. Zugedeckt an einem warmen Ort 20 Minuten gehen lassen.

2 Die Butter in Flöckchen und das Salz auf den Mehlrand geben und alles von der Mitte her gut durchkneten. So lange weiterkneten, bis der Teig Blasen wirft und sich vom Schüsselboden löst. An einem warmen Ort zugedeckt weitere 45 Minuten gehen lassen.

3 Für den Belag die Sultaninen waschen, abtropfen lassen und mit Rum begießen. Das Puddingpulver in etwas kalter Milch verrühren. Die restliche Milch mit 125 Gramm Zucker und Zimt zum Kochen bringen, das angerührte Puddingpulver einrühren und alles einmal aufkochen lassen. Den Pudding vom Herd nehmen und etwas auskühlen lassen. Dabei ab und zu umrühren, damit sich keine Haut bildet.

4 Den Teig durchkneten und auf der bemehlten Arbeitsfläche etwa fingerdick ausrollen. Ein Backblech ausbuttern, den Teig auflegen, mit einer Gabel mehrmals einstechen und einen Rand hochziehen. Den Pudding gleichmäßig auf dem Teig verteilen. Die Rosinen und die Mandeln aufstreuen.

5 Die Eier mit dem restlichen Zucker verquirlen. Den Schmand unterschlagen und den Guss über Rosinen und Mandeln geben. Den Kuchen im vorgeheizten Backofen bei 200 °C etwa 35 Minuten backen. Eventuell nach 20 Minuten Backpapier auflegen, damit der Guss nicht zu dunkel wird.

Mohnkuchen

1 Das Mehl in eine Schüssel sieben, in die Mitte eine Vertiefung drücken. Hefe und 1 Teelöffel Zucker in ⅛ Liter lauwarmer Milch verrühren und in die Vertiefung gießen. Etwas Mehl vom Rand dazugeben und den Vorteig anrühren. Zugedeckt 15 Minuten gehen lassen.

2 Auf dem Mehlrand je 100 Gramm Zucker und Butter, 1 Ei und etwas Salz anordnen. Alles gut verkneten und zugedeckt nochmals 45 Minuten gehen lassen.

3 Für den Belag den ½ Liter Milch in einen Topf geben und mit 125 Gramm Butter und 200 Gramm Zucker erhitzen. Grieß, 1 Prise Salz und den Mohn zugeben und 5 Minuten quellen lassen. Vom Herd nehmen. Die Sultaninen waschen, abtropfen lassen und zusammen mit den Mandeln in die Mohnmasse rühren. Auskühlen lassen.

4 Den Teig zusammenstoßen, durchkneten und auf der bemehlten Arbeitsfläche ausrollen. Ein Backblech ausbuttern, den Teig darauf geben, einen Rand hochziehen und den Teig mit einer Gabel mehrmals einstechen, damit er sich beim Backen nicht zu stark aufwölbt. Die Mohnmasse auf den Teig streichen.

5 Das Puddingpulver mit dem übrigen Zucker in der restlichen Milch glatt rühren, Sahne und Butterrest zufügen. Alles unter Rühren zum Kochen bringen, einmal aufwallen lassen, vom Herd nehmen und etwas auskühlen lassen. Zwischendurch mehrmals umrühren, damit sich an der Oberfläche keine Haut bildet.

6 Die restlichen Eier trennen und das Eigelb unter die Puddingmasse rühren. Das Eiweiß steif schlagen und vorsichtig unter den Pudding heben, nicht rühren. Die Puddingcreme auf dem Mohnbelag verteilen und glatt streichen.

7 Den Kuchen im vorgeheizten Backofen bei 200 °C etwa 45 Minuten backen. Dabei regelmäßig kontrollieren, ob die Oberfläche nicht zu stark bräunt. Falls der Guss zu dunkel wird, mit Alufolie abdecken. Den Kuchen nach dem Backen auf einem Kuchengitter abkühlen lassen und mit Puderzucker bestäuben.

Zutaten
- 300 g Mehl
- 20 g Hefe
- 330 g Zucker
- 825 ml Milch
- 275 g Butter
- 4 Eier
- Salz
- 2 EL Grieß
- 500 g gemahlener Mohn
- 150 g Sultaninen
- 150 g gehackte Mandeln
- ½ Pck. Vanillepudding
- 2 EL Schlagsahne
- Puderzucker zum Bestäuben

Schmandkuchen

1 500 Gramm Mehl in eine Schüssel sieben und eine Vertiefung in die Mitte drücken. Hefe, 1 Teelöffel Zucker und ⅛ Liter lauwarme Milch verrühren und die Flüssigkeit in die Vertiefung gießen. Mit etwas Mehl vom Rand bestäuben und zu einem Vorteig verrühren. Mit einem Küchentuch bedeckt an einem warmen Ort 20 Minuten gehen lassen.

2 75 Gramm Zucker, Salz und Butter auf den Mehlrand geben. Unter Zugabe eines weiteren ⅛ Liter Milchs alle Zutaten gut miteinander verkneten. An einem warmen Ort weitere 45 Minuten zugedeckt gehen lassen.

3 Für den Belag den Quark in eine Schüssel geben und mit 2 Eiern, 30 Gramm Mehl, 120 Gramm Zucker, Vanillezucker, Schlagsahne und 100 Milliliter Milch verrühren. Die Äpfel schälen und vierteln, dabei das Kerngehäuse entfernen. Das Fruchtfleisch in Spalten schneiden und mit Zitronensaft beträufeln.

4 Den Schmand in eine Schüssel geben und mit den letzten Eiern, 1 Esslöffel Mehl und dem restlichen Zucker verrühren. Ein Backblech ausbuttern. Den Teig zusammenstoßen, auf bemehlter Fläche ausrollen und auf das Backblech legen. Einen Rand hochziehen und den Teig mit einer Gabel mehrmals einstechen. Die Quarkmasse gleichmäßig aufstreichen, dann die Apfelspalten darauf anordnen und den Schmandguss darüber gießen. Den Kuchen im vorgeheizten Backofen bei 200 °C etwa 50 Minuten backen. Auf einem Kuchengitter auskühlen lassen.

Tipp Statt der Äpfel können Sie auch andere Früchte verwenden. Sehr sommerlich schmeckt beispielsweise ein Belag aus Aprikosen oder Pfirsichen. Das Steinobst mit heißem Wasser überbrühen, häuten und entsteinen. Pfirsiche eventuell vierteln. Mit der gewölbten Seite nach oben auf den Kuchen legen und mit Schmandguss überziehen.

Walnusskuchen mit Schmand

1 Das Mehl in eine Schüssel sieben und in die Mitte eine Vertiefung drücken. Die Hefe mit 1 Teelöffel Zucker in 100 Milliliter lauwarmer Milch verrühren, in die Vertiefung gießen und mit etwas Mehl vom Rand zu einem breiartigen Vorteig verrühren. Zugedeckt an einem warmen Ort 20 Minuten gehen lassen.

2 Auf dem Mehlrand 100 Gramm Zucker, Ei und Zitronenschale anordnen. Von der Mitte her alles zu einem glatten, geschmeidigen Teig verkneten, dabei nach und nach auch die restliche Milch zufügen. Zugedeckt an einem warmen Ort 45 Minuten gehen lassen.

3 Inzwischen die Walnusskerne zerkleinern und mit den Haselnüssen und dem restlichen Zucker vermischen. Den Schmand mit dem Stärkemehl, Vanillezucker und Honig verrühren. Den Teig ein letztes Mal kräftig durchkneten und auf der bemehlten Arbeitsfläche fingerdick ausrollen. Ein Backblech ausbuttern. Den Teig auflegen und einen Rand hochziehen. Den Teigboden mit einer Gabel mehrmals einstechen.

4 Den Schmand gleichmäßig auf die Teigplatte aufstreichen und die Nussmischung aufstreuen. 80 Gramm Butter in Flöckchen aufsetzen. Im vorgeheizten Backofen bei 200 °C etwa 25 Minuten backen. Herausnehmen und etwas auskühlen lassen.

5 Den Puderzucker sieben und mit Zitronensaft und der restlichen Butter glatt rühren. Den lauwarmen Kuchen gleichmäßig damit überziehen. Auf einem Kuchengitter trocknen lassen.

Variante Der Kuchen schmeckt auch mit einem fruchtigen Guss aus Aprikosenkonfitüre sehr gut. Dafür streicht man 400 Gramm Aprikosenkonfitüre durch ein Sieb, erwärmt sie leicht und vermischt sie mit 6 Esslöffel Rum. Etwas gehaltvoller ist ein Schokoladenüberzug. Dafür 250 Gramm Puderzucker mit 3 Esslöffel Kakao, 2 Esslöffel heißem Wasser und 20 Gramm weicher Butter glatt rühren. Den Kuchen gleichmäßig mit der Schokoglasur überziehen. Mit halbierten, ohne Fett gerösteten Walnusskernen dekorieren.

Zutaten
- 400 g Mehl
- 25 g Hefe
- 225 g Zucker
- 200 ml Milch
- 1 Ei
- 1 TL abgeriebene, unbehandelte Zitronenschale
- 200 g Walnusskerne
- 125 g gemahlene Haselnüsse
- 250 g Schmand
- 1 EL Stärkemehl
- 1 Pck. Vanillezucker
- 2 EL Honig
- 110 g Butter
- 250 g Puderzucker
- 2 EL Zitronensaft

Trockene Blechkuchen

Streuselkuchen

Zutaten
- *100 g Rosinen*
- *3 EL Rum*
- *30 g Hefe*
- *320 g Zucker*
- *¼ l Milch*
- *750 g Mehl*
- *1 Prise Salz*
- *200 g Butter*
- *250 g Butter-
  schmalz*
- *2 EL Kakao*

1 Rosinen kalt abbrausen, gründlich abtropfen lassen und mit Rum begießen. Hefe mit 1 Teelöffel Zucker in ⅛ Liter warmer Milch verquirlen. 500 Gramm Mehl sieben, eine Vertiefung hinein-drücken. Hefemilch hineingießen. Mit Mehl bestäuben. An einem warmen Ort zugedeckt 20 Minuten gehen lassen.

2 65 Gramm Zucker, Salz, 100 Gramm Butter und die abgetropften Rosinen zu-fügen. Alles verkneten, dabei die restliche Milch zugeben. 45 Minuten gehen lassen.

3 Den Teig auf der bemehlten Arbeits-fläche ausrollen, auf ein gebuttertes Blech legen und mehrmals einstechen. Einen Rand hochziehen.

4 Den restlichen Zucker, das übrige Mehl und das Butterschmalz vermengen. Die Hälfte der Streusel mit Kakao aro-matisieren, die Streusel auf dem Teig ver-teilen. Den Kuchen im vorgeheizten Backofen bei 200°C etwa 30 Minuten backen. Sofort mit der restlichen zerlas-senen Butter beträufeln.

Butterkuchen

Zutaten
- *500 g Mehl*
- *30 g Hefe*
- *210 g Zucker*
- *¼ l Milch*
- *1 Prise Salz*
- *½ TL abgeriebene,
  unbehandelte
  Zitronenschale*
- *125 g gehackte
  Haselnusskerne*
- *200 g Butter*

1 Das Mehl in eine Schüssel sieben, in die Mitte eine Vertiefung drücken. Hefe und 1 Esslöffel Zucker in ⅛ Liter lau-warmer Milch verrühren und in die Ver-tiefung gießen. Einen Vorteig herstellen. 20 Minuten gehen lassen.

2 Salz und Zitronenschale zugeben. Alles gut verkneten, dabei die restliche Milch zufügen. 45 Minuten gehen lassen.

3 Den Teig zusammenstoßen und auf der bemehlten Arbeitsfläche ausrollen. Ein Backblech ausbuttern, den Teig aufle-gen, mit einer Gabel mehrmals einstechen und einen Rand hochziehen. Zucker und Haselnüsse aufstreuen und die Butter in Flöckchen aufsetzen. Zugedeckt nochmals 10 Minuten gehen lassen. Im vorgeheizten Backofen bei 200°C etwa 25 Minuten backen.

Bienenstich

1 Das Mehl in eine Schüssel sieben, in die Mitte eine Vertiefung drücken. Die Hefe mit 1 Teelöffel Zucker und ⅛ Liter lauwarmer Milch verrühren und in die Vertiefung gießen. Etwas Mehl vom Rand zugeben. 100 Gramm Zucker, 1 Prise Salz, 80 Gramm Butter in Flöckchen und den Vanillezucker auf dem Mehlrand anordnen und alles zugedeckt 20 Minuten gehen lassen.

2 Die Zutaten von der Mitte her kräftig verkneten, dabei nochmals ⅛ Liter Milch einarbeiten. Zudecken und an einem warmen Ort 45 Minuten gehen lassen.

3 Inzwischen für den Belag Butter, Zucker und Honig auf kleiner Flamme erhitzen und einmal aufwallen lassen. Die Mischung vom Herd nehmen, die Mandeln einrühren und die Masse etwas auskühlen lassen. Eier, Milch und etwas Salz unterrühren.

4 Ein Backblech ausbuttern. Den Teig zusammenstoßen, durchkneten, auf der bemehlten Arbeitsfläche ausrollen und auf das Backblech geben. Mit einer Gabel mehrmals einstechen und einen Rand hochziehen. Die Mandelmasse auf den Teig streichen und den Kuchen bei 200 °C etwa 25 Minuten backen.

Tipp In vielen Regionen wird der Bienenstich mit Schlagsahne oder einer Puddingcreme gefüllt. Wenn Sie diese Variante ausprobieren wollen, rollen Sie den Teig besonders dick aus und legen nicht das ganze Backblech damit aus. Keinen Rand hochziehen und die Mandelmasse nicht ganz bis zum Rand aufstreichen (etwa 1 Zentimeter frei lassen). Den Kuchen backen und abkühlen lassen. Die Ränder begradigen und den Kuchen mit starkem Zwirn quer durchteilen, sodass Sie 2 Böden haben. Den Boden ohne Mandeln mit Creme oder Sahne bestreichen und den zweiten Boden aufsetzen. Für die Creme 1 Päckchen Puddingpulver mit 2 Esslöffel Zucker und 1 Prise Salz in ¼ Liter Milch aufkochen. Auf Zimmertemperatur abkühlen lassen. Zwischendurch immer wieder umrühren. 250 Gramm weiche Butter schaumig schlagen und den Pudding esslöffelweise unterrühren.

Zutaten
- 500 g Mehl
- 30 g Hefe
- 250 g Zucker
- 330 ml Milch
- Salz
- 230 g Butter
- 1 Pck. Vanillezucker
- 3 EL Bienenhonig
- 300 g gehackte Mandeln
- 3 Eier

81

Rosenkuchen

1 Das Mehl in eine Schüssel sieben und eine Vertiefung in die Mitte drücken. Die Hefe mit 1 Teelöffel Zucker in 100 Milliliter lauwarmer Milch verquirlen, in die Vertiefung gießen und mit etwas Mehl vom Rand zu einem breiartigen Vorteig verrühren. Zugedeckt an einem warmen Ort 20 Minuten gehen lassen.

2 125 Gramm Zucker, Ei, 125 Gramm Butter in Flöckchen und Zitronenschale auf den Mehlrand geben. Alles von der Mitte her verkneten, dabei weitere 100 Milliliter Milch zugeben. So lange kneten, bis sich der Teig vom Schüsselrand löst. Zugedeckt an einem warmen Ort nochmals 45 Minuten gehen lassen.

3 Für die Füllung die Sultaninen und Korinthen unter kaltem Wasser waschen und gründlich abtropfen lassen. Den Teig durchkneten, auf der bemehlten Arbeitsfläche zu einem Rechteck von etwa 50 x 30 Zentimetern ausrollen und mit der restlichen weichen Butter bestreichen. Den restlichen Zucker, den Vanillezucker, die Mandeln, die Sultaninen und Korinthen gleichmäßig darauf verteilen.

4 Die Teigplatte gleichmäßig von der Längsseite her aufrollen und in 1,5 Zentimeter dicke Scheiben schneiden. Auf ein gebuttertes Backblech legen. Mit der restlichen Milch bestreichen. 15 Minuten gehen lassen. Im vorgeheizten Backofen bei 200 °C etwa 35 Minuten backen. Mit Johannisbeergelee bestreichen.

Variante Der Rosenkuchen schmeckt auch mit einer Quarkfüllung sehr gut. Sie brauchen: 150 g getrocknete Aprikosen, 350 g Quark, 2 EL Crème fraîche, 2 EL Zucker, ½ TL abgeriebene, unbehandelte Zitronenschale, 4 Eigelb, 1 EL Mehl, 2 Eiweiß, 200 g Aprikosenkonfitüre, Milch zum Bestreichen, Hagelzucker zum Bestreuen.
Aprikosen in kleine Würfel schneiden. Quark mit Crème fraîche, Zucker, Zitronenschale, Eigelb, Mehl und den Aprikosen glatt rühren. Eiweiß steif schlagen und unterheben. Konfitüre durch ein Sieb streichen, leicht erwärmen und auf den Teig streichen. Die Quarkmasse aufstreichen. Teigplatte aufrollen und in Scheiben schneiden. Mit Milch bestreichen und mit Hagelzucker bestreuen, backen.

Zutaten
- 500 g Mehl
- 30 g Hefe
- 130 g Zucker
- 240 ml Milch
- 1 Ei
- 200 g Butter
- 1 TL abgeriebene, unbehandelte Zitronenschale
- 125 g Sultaninen
- 50 g Korinthen
- 2 Pck. Vanillezucker
- 200 g gehackte Mandeln
- 2 EL Johannisbeergelee

Haselnusskuchen

Zutaten

- 400 g Mehl
- 25 g Hefe
- 375 g Zucker
- 235 ml Milch
- 330 g Butter
- 20 g Butter-
  schmalz
- 3 Eier
- 1 TL abgeriebene,
  unbehandelte
  Zitronenschale
- 300 g gehackte
  Haselnüsse
- ⅛ l Schlagsahne
- 4 EL Honig
- 500 g zartbittere
  Kuvertüre
- Kakao zum
  Bestäuben

1 Für den Teig das Mehl in eine Schüssel sieben, in die Mitte eine Vertiefung drücken. Die Hefe mit 1 Teelöffel Zucker und 175 Milliliter lauwarmer Milch verrühren, in die Vertiefung gießen, etwas Mehl vom Rand zugeben und einen breiartigen Vorteig herstellen. Zugedeckt an einem warmen Ort 20 Minuten gehen lassen.

2 120 Gramm Zucker, 80 Gramm Butter und Butterschmalz in Flöckchen, 1 Ei und Zitronenschale auf dem Mehlrand verteilen. Von der Mitte her die Zutaten gründlich zu einem glatten Teig verkneten. 45 Minuten gehen lassen.

3 Für den Belag die restliche Butter in einem kleinen Topf zerlassen. Den übrigen Zucker zugeben und so lange rühren, bis er sich aufgelöst hat. Den Topf vom Herd nehmen und Haselnüsse, 6 Esslöffel Milch und 2 Eier unterrühren.

4 Ein Backblech ausbuttern. Den Teig durchkneten, auf der bemehlten Arbeitsfläche ausrollen, auf das Backblech legen, einen Rand hochziehen und den Teig mit einer Gabel mehrmals einstechen. Den Nussbelag aufstreichen. Im vorgeheizten Backofen bei 200 °C etwa 30 Minuten backen. Herausnehmen und völlig auskühlen lassen.

5 Für die Glasur die Sahne in einen Topf geben und einmal aufkochen lassen. Den Honig unterrühren und die Masse auskühlen lassen. Die Kuvertüre im heißen Wasserbad schmelzen, etwas abkühlen lassen und lauwarm unter die Honigsahne rühren. Den ausgekühlten Kuchen gleichmäßig mit der Glasur überziehen und mit Kakaopulver bestäuben.

Variante Wenn Sie es lieber ein wenig exotisch mögen, kosten Sie einmal diesen Belag aus Kokosnuss. Sie brauchen: 250 g Butter, 250 g Zucker, 300 g Kokosraspeln, 3 EL Weinbrand, 2 Eier, 6 EL Milch. Die Butter in einem Topf zerlassen. Den Zucker zufügen und so lange rühren, bis er sich aufgelöst hat. Vom Herd nehmen und Kokosraspeln, Weinbrand und Eier einrühren. Den Kuchen gleichmäßig mit der Kokosmasse bestreichen. Nach dem Auskühlen gleichmäßig mit weißer Kuvertüre überziehen.

Schokoladenkuchen

1 Das Mehl in eine Schüssel sieben. Die Hefe mit 1 Teelöffel Zucker in 100 Milliliter lauwarmer Milch verquirlen und in die Vertiefung gießen. Etwas Mehl vom Rand dazugeben und einen breiartigen Vorteig herstellen. Zugedeckt an einem warmen Ort 15 Minuten gehen lassen.

2 Den restlichen Zucker, Butter und Butterschmalz in Flöckchen, 1 Ei, Zitronenschale und Salz auf dem Mehlrand verteilen. Von der Mitte her die Zutaten zu einem geschmeidigen Teig verkneten, dabei die restliche Milch zugeben. Zugedeckt 30 Minuten gehen lassen.

3 Den Teig zusammenstoßen, kräftig durchkneten und auf der bemehlten Arbeitsfläche ausrollen. Ein Backblech ausbuttern, den Teig auflegen und im vorgeheizten Backofen bei 180 °C etwa 25 Minuten backen. Herausnehmen und auskühlen lassen.

4 350 Gramm Puderzucker mit dem Kakao und den beiden letzten Eiern verrühren. Das Kokosfett schmelzen, auskühlen lasen und esslöffelweise unter-

rühren. Den Kuchen gleichmäßig mit der Glasur überziehen und kalt stellen. Sobald die Glasur fest ist, den restlichen Puderzucker mit dem Eiweiß glatt rühren und damit feine Zuckerfäden über den ganzen Kuchen ziehen.

Variante Nach Belieben kann der Schokoladenkuchen in einen nassen Blechkuchen verwandelt werden. Dafür wird der ausgekühlte Kuchen mit 300 Gramm Johannisbeerkonfitüre bestrichen und mit einer selbst gerührten Buttercreme überzogen. Für die Creme brauchen Sie: 1 Pck. Vanillepudding, 100 g Zucker, 400 ml Milch, 200 g Butter, 150 g geraspelte Schokolade.
Puddingpulver und Zucker in etwas kalter Milch glatt rühren. Die restliche Milch zum Kochen bringen, das angerührte Puddingpulver hineingeben und kurz aufkochen lassen. Auskühlen lassen. Ab und zu umrühren, damit sich keine Haut bildet. Die Butter schaumig schlagen, und esslöffelweise in den Pudding einrühren. Kalt stellen. Die Creme auf die Konfitüre streichen und den Kuchen mit Schokoladenraspeln bestreuen.

Zutaten
- 450 g Mehl
- 25 g Hefe
- 100 g Zucker
- 200 ml Milch
- 100 g Butter
- 30 g Butterschmalz
- 3 Eier
- 1 TL abgeriebene, unbehandelte Zitronenschale
- 1 Prise Salz
- 450 g Puderzucker
- 5 EL Kakao
- 100 g Kokosfett
- 2 TL Eiweiß

Dresdner Stollen

1 Sultaninen und Korinthen mit Rum begießen und über Nacht durchziehen lassen. Am Backtag das Mehl in eine Schüssel sieben, in die Mitte eine Vertiefung drücken. Die Hefe mit 1 Teelöffel Zucker in 1/8 Liter lauwarmer Milch verquirlen, in die Vertiefung gießen und etwas Mehl vom Rand einrühren. Zugedeckt an einem warmen Ort 20 Minuten gehen lassen.

2 Zitronat und Orangeat in kleine Würfel schneiden und mit 120 Gramm Zucker, Vanillezucker, Zitronenschale, Salz, Butterschmalz in Flöckchen, Mandeln, Sultaninen und Korinthen auf dem Mehlrand verteilen. Alles zu einem glatten Teig verkneten, dabei die restliche Milch einarbeiten. Zugedeckt an einem warmen Ort 90 Minuten gehen lassen.

3 Den Teig nochmals durchkneten und in 2 Stücke teilen. Jedes Teigstück zu einem länglichen Laib formen, mit einem großen Messer der Länge nach leicht einschneiden und auf ein gebuttertes, leicht bemehltes Backblech geben. Nochmals 30 Minuten an einem warmen, zugfreien Ort gehen lassen.

4 Im vorgeheizten Backofen bei 200 °C etwa 45 Minuten backen. Die Butter in einem kleinen Pfännchen schmelzen. Die Stollen aus dem Ofen nehmen und sofort mit der Hälfte der zerlassenen Butter bestreichen. Mit dem restlichen Zucker bestreuen und die Hälfte des Puderzuckers aufstäuben. Die Stollen in Alufolie wickeln und 12 Stunden bei Zimmertemperatur durchziehen lassen. Dann nochmals mit Butter bestreichen und mit Puderzucker bestäuben.

Tipp Auch so können Sie den Stollen formen: Jedes Teigstück 2 Finger dick zu einem Rechteck ausrollen. An einer kurzen Seite einen kleinen Wulst formen, an der anderen einen sehr dicken Wulst. Schlagen Sie die dickere Seite um 2/3 nach innen und legen Sie die dünnere daneben. Vor dem Backen 90 Minuten gehen lassen. Den Stollen sollten Sie bereits einen Monat vor Weihnachten backen, denn er braucht 3 bis 4 Wochen zum Durchziehen. Damit er während dieser Zeit nicht austrocknet, wickeln Sie ihn fest in Alufolie ein und bewahren ihn an einem kühlen, trockenen Platz auf.

Marzipanstollen

1 Sultaninen gründlich waschen, abtropfen lassen und mit 4 Esslöffel Rum beträufeln. Das Mehl in eine Schüssel sieben, in die Mitte eine Vertiefung drücken. Hefe und 1 Teelöffel Zucker in ⅛ Liter lauwarmer Milch verquirlen, in die Vertiefung gießen, etwas Mehl vom Rand einrühren und einen breiartigen Vorteig bereiten. Mit einem Küchentuch bedeckt an einem warmen Ort etwa 20 Minuten gehen lassen.

2 Zitronat und Orangeat fein hacken. Mit dem restlichen Zucker, 100 Gramm Butter und dem Butterschmalz in Flöckchen, den Mandeln und Bittermandeln, der Zitronenschale, den Sultaninen und Korinthen auf dem Mehlrand verteilen. Die Zutaten unter Zugabe der restlichen Milch von der Mitte her kräftig miteinander verkneten. Zugedeckt nochmals 1 Stunde gehen lassen.

3 Für die Füllung Aprikosen und Pflaumen fein hacken. Die Fruchtwürfelchen mit Marzipan, 50 Gramm Puderzucker,

dem restlichen Rum, Schlagsahne, Haselnüssen, Mandeln und Kokosflocken verkneten und die Masse mit leicht bemehlten Händen zu einer Rolle formen.

4 Den Teig noch einmal durchkneten und auf der bemehlten Arbeitsfläche zu einem daumendicken Rechteck ausrollen. Die Marzipanrolle auf die Teigplatte legen (etwa 5 Zentimeter Abstand zur Längskante) und den Teig aufrollen. Den Stollen weitere 15 Minuten gehen lassen. Mit der Naht nach unten auf ein gebuttertes Backblech legen und im vorgeheizten Backofen bei 200°C etwa 1 Stunde backen. Die restliche Butter schmelzen. Den Stollen aus dem Ofen nehmen und sofort damit bestreichen. Dick mit dem restlichen Puderzucker bestäuben.

Zutaten
- 200 g Sultaninen
- 5 EL Rum
- 600 g Mehl
- 40 g Hefe
- 100 g Zucker
- ¼ l Milch
- 50 g Zitronat
- 50 g Orangeat
- 250 g Butter
- 150 g Butterschmalz
- 100 g gehackte Mandeln (davon 2 Bittermandeln)
- 1 TL abgeriebene, unbehandelte Zitronenschale
- 50 g getrocknete Aprikosen
- 50 g getrocknete Pflaumen
- 100 g Marzipanrohmasse
- 200 g Puderzucker
- 3 EL Schlagsahne
- Je 1 EL gemahlene Haselnüsse, Mandeln und Kokosflocken

87

Mohnstollen

Zutaten
- 500 g Mehl
- 40 g Hefe
- 130 g Zucker
- 375 ml Milch
- 1½ TL abgeriebene, unbehandelte Zitronenschale
- 180 g Butterschmalz
- 1 Prise Salz
- 150 g gemahlene Mandeln
- 100 g Sultaninen
- 100 g Korinthen
- ⅛ l Schlagsahne
- 400 g gemahlener Mohn
- 1 EL Grieß
- 1 TL fein geschnittenes Zitronat
- 1 Msp. Zimt
- 1 EL Rum
- 100 g zerlassene Butter
- Puderzucker zum Bestäuben

1 Das Mehl in eine Schüssel sieben und eine Vertiefung in die Mitte drücken. Hefe und 1 Teelöffel Zucker in ⅛ Liter lauwarmer Milch verrühren und in die Vertiefung gießen. Etwas Mehl vom Rand zugeben und einen breiartigen Vorteig anrühren. Zugedeckt an einem warmen Ort 20 Minuten gehen lassen.

2 Auf dem Mehlrand 95 Gramm Zucker, 1 Teelöffel Zitronenschale, Butterschmalz in Flöckchen, Salz und Mandeln verteilen. Alles von der Mitte her zu einem glatten und geschmeidigen Teig verkneten, dabei noch ⅛ Liter Milch einarbeiten. An einem warmen Ort zugedeckt nochmals 45 Minuten gehen lassen.

3 Inzwischen die Mohnfüllung bereiten. Dafür Sultaninen und Korinthen waschen und gründlich abtropfen lassen. Restliche Milch, Sahne und den übrigen Zucker in einen Topf geben und unter Rühren langsam erhitzen. Mohn, Grieß und Zitronenschale zugeben und unter weiterem Rühren einige Male aufwallen lassen. Den Topf vom Herd nehmen und die Sultaninen, die Korinthen, das Zitronat, den Zimt und den Rum hineinrühren. Die Masse auf Zimmertemperatur auskühlen lassen.

4 Den Teig nochmals kräftig durchkneten und auf der bemehlten Arbeitsfläche fingerdick ausrollen. Die Mohnmasse gleichmäßig aufstreichen und die Teigplatte aufrollen. Weitere 10 Minuten gehen lassen.

5 Ein Backblech ausbuttern, den Mohnstollen mit der Naht nach unten vorsichtig darauf legen und im vorgeheizten Backofen bei 200 °C etwa 1 Stunde backen. Herausnehmen, noch heiß mit der flüssigen Butter bestreichen und dick mit Puderzucker bestäuben.

Mandelstollen

Zutaten
- 600 g Mehl
- 45 g Hefe
- 100 g Zucker
- ¼ l Milch
- 50 g Zitronat
- 50 g Orangeat
- 250 g Butter
- 100 g Butter-
  schmalz
- 3 Eier
- 225 g gemahlene
  Mandeln (davon
  4 Bittermandeln)
- 1 TL abgeriebene,
  unbehandelte
  Orangenschale
- 1 kräftige Prise
  Salz
- Puderzucker zum
  Bestäuben

1 Das Mehl in eine Schüssel sieben, eine Vertiefung in die Mitte drücken. Hefe und 1 Teelöffel Zucker in ⅛ Liter lauwarmer Milch verquirlen und in die Vertiefung gießen. Mit etwas Mehl vom Rand bestäuben und zu einem breiartigen Vorteig rühren. Zugedeckt 20 Minuten an einen warmen, nicht zugigen Platz stellen und gehen lassen.

2 Zitronat und Orangeat fein hacken und mit dem restlichen Zucker, 100 Gramm Butter und Butterschmalz in Flöckchen, Eiern, Mandeln, Bittermandeln, Orangenschale und Salz gleichmäßig auf dem Mehlrand verteilen. Die Zutaten von der Mitte her zu einem glatten, geschmeidigen Teig verkneten, dabei nach und nach die restliche Milch zufügen. Zugedeckt nochmals 1 Stunde an einem warmen Platz gehen lassen.

3 Den Teig mit bemehlten Händen nochmals kräftig durchkneten und zu einem ovalen Laib formen. Ein Backblech ausbuttern, den Stollen auflegen und nochmals 20 Minuten gehen lassen. Im vorgeheizten Backofen bei 200 °C etwa 1 Stunde backen. Die restliche Butter schmelzen. Den Mandelstollen aus dem Ofen nehmen, mit der flüssigen Butter bestreichen und dick mit Puderzucker bestäuben.

Variante Sie können anstelle der Mandeln auch Haselnüsse verwenden. Die ganzen Nüsse vorher auf ein Blech breiten und im Backofen bei 100 °C etwa 10 Minuten rösten. Auf ein Küchenhandtuch schütten, mit einem zweiten Tuch abdecken und mit den Händen mehrmals darüber rollen. So lösen sich die dünnen Häutchen ab. Die Nüsse dann mahlen.

Früchtekuchen

1   Sultaninen waschen, abtropfen lassen und mit Rum beträufeln. Das Mehl in eine Schüssel sieben und eine Vertiefung in die Mitte drücken. Die Hefe mit 1 Teelöffel Zucker in lauwarmer Milch verrühren. Die Flüssigkeit in die Vertiefung gießen, etwas Mehl vom Rand zugeben und einen breiartigen Vorteig herstellen. Zugedeckt an einem warmen, nicht zugigen Ort 20 Minuten gehen lassen.

2   Orangeat, Zitronat und kandierte Kirschen fein hacken. Mit dem restlichen Zucker, 4 Eiern, dem Vanillezucker, der Zitronenschale, dem Salz, der Butter und dem Butterschmalz in Flöckchen, den Rosinen, Korinthen und Mandeln gleichmäßig auf dem Mehlrand verteilen. Alles von der Mitte her kräftig miteinander verkneten. Zugedeckt 1 Stunde gehen lassen.

3   Den Teig ein letztes Mal durchkneten. Eine Springform ausbuttern, den Teig hineingeben und glatt streichen. Im vorgeheizten Backofen bei 180 °C etwa 1 Stunde backen. Die Form aus dem Ofen nehmen und den Kuchen 10 Minuten abkühlen lassen.

4   Das Früchtebrot aus der Springform lösen, auf ein Kuchengitter geben, mit Aprikosenkonfitüre überziehen und völlig auskühlen lassen. Das letzte Ei trennen. Den Puderzucker sieben und mit ½ Eiweiß und Zitronensaft glatt rühren. Den Kuchen damit überziehen.

Variante   Ähnlich wie der Früchtekuchen schmeckt das Hutzelbrot. Einen einfachen Hefeteig anrühren und mit je 1 Messerspitze Zimt und Muskat sowie 1 Teelöffel Lebkuchengewürz aromatisieren. In den bereits zweimal gegangenen Teig werden dann folgende Zutaten geknetet: Je 80 Gramm in Rum getränkte Sultaninen und Korinthen, je 50 Gramm Zitronat und Orangeat, 10 klein geschnittene getrocknete Feigen, 8 grob gehackte getrocknete Datteln sowie je 150 Gramm gemahlene Mandeln und gehackte Haselnüsse. 1 Kilogramm Birnen vierteln, schälen (dabei auch das Kerngehäuse entfernen) und in kochendem Wasser bissfest garen. Kleinschneiden, unterkneten und 1 Stunde gehen lassen. Einen ovalen Laib formen und diesen im vorgeheizten Backofen bei 120 °C 2 Stunden backen.

Zutaten
- 250 g Sultaninen
- 5 EL Rum
- 500 g Mehl
- 40 g Hefe
- 125 g Zucker
- 200 ml Milch
- 80 g Orangeat
- 80 g Zitronat
- 80 g kandierte Kirschen
- 5 Eier
- 1 Pck. Vanillezucker
- 1 TL abgeriebene, unbehandelte Zitronenschale
- 1 Prise Salz
- 125 g Butter
- 100 g Butterschmalz
- 100 g gehackte Mandeln
- 4 EL Aprikosenkonfitüre
- 250 g Puderzucker
- ½ Eiweiß
- 1 EL Zitronensaft

Tannenbäume

1 Das Mehl in eine Schüssel sieben, in die Mitte eine Vertiefung drücken. Die Hefe mit 1 Teelöffel Zucker in 100 Milliliter lauwarmer Milch verrühren und in die Vertiefung gießen. Etwas Mehl vom Rand zugeben und einen breiartigen Vorteig anrühren. Zugedeckt an einem warmen Ort 20 Minuten gehen lassen.

2 Auf dem Mehlrand den restlichen Zucker, die Butter in Flöckchen, Eier, Salz und Zitronenschale verteilen. Von der Mitte her die Zutaten zu einem glatten Teig verkneten, dabei nach und nach auch die restliche Milch einarbeiten. Den Teig kräftig durchkneten, bis er schön glänzt und sich vom Schüsselboden löst. Zugedeckt an einem warmen Ort nochmals 45 Minuten gehen lassen.

3 Den Teig auf der bemehlten Arbeitsfläche ein letztes Mal kräftig durchkneten und in 2 Stücke teilen. Das erste Teigstück 1 Zentimeter dick ausrollen und einen großen Tannenbaum herausschneiden. Die weggeschnittenen Teigreste wieder verkneten, ausrollen und kleine Tannenbäume ausschneiden.

4 Ein Backblech ausbuttern und den großen Tannenbaum darauf legen. Rundherum die kleinen Bäumchen auflegen. Eigelb und Kaffeesahne verrühren und die Bäume damit bestreichen. Die Tannenbäume mit Mandeln, Rosinen, fein gewürfeltem Zitronat und Orangeat sowie Hagelzucker verzieren. Die Tannenbäume im vorgeheizten Backofen bei 200 °C etwa 15 Minuten backen. Die zweite Teighälfte auf die gleiche Weise verarbeiten.

Tipp Damit die Tannenbäume schön gleichmäßig werden, schneiden Sie sich vor dem Backen am besten Schablonen aus dickem Karton zu. Man legt sie später einfach auf die Teigplatte und zieht die Konturen mit einem spitzen Messer nach. Natürlich können Sie auch andere Schablonen anfertigen, je nachdem zu welchem Anlass Sie den Kuchen servieren wollen. Wie wäre es zum Beispiel mit Nikolausstiefeln zum Adventskaffee oder einem Hasen zum Osterbrunch? Auch bei der Dekoration können Sie variieren. Verzichten Sie beispielsweise auf die Trockenfrüchte und überziehen Sie die Bäume mit Zucker- oder Schokoladenglasur.

Zutaten
- *500 g Mehl*
- *30 g Hefe*
- *80 g Zucker*
- *200 ml Milch*
- *125 g Butter*
- *2 Eier*
- *1 Prise Salz*
- *1 TL abgeriebene, unbehandelte Zitronenschale*
- *1 Eigelb*
- *2 EL Kaffeesahne*
- *125 g gehäutete Mandeln*
- *Rosinen, Zitronat und Orangeat*
- *Hagelzucker zum Garnieren*

Herzhafte
Hefekuchen

Zwiebel-Apfel-Kuchen

Zutaten
- 500 g Mehl
- 30 g Hefe
- 1 TL Zucker
- ¼ l Milch
- 125 g Butter
- Salz
- 1 kg säuerliche Äpfel
- 500 g Zwiebeln
- Je ½ TL Kümmel und gerebelter Majoran
- 100 ml Öl

1 Das Mehl in eine Schüssel sieben und in die Mitte eine Vertiefung drücken. Die Hefe mit dem Zucker in ⅛ Liter lauwarmer Milch verquirlen und in die Vertiefung gießen. Einen Vorteig herstellen. 20 Minuten gehen lassen.

2 Die Butter in Flöckchen und ½ Teelöffel Salz auf dem Mehlrand verteilen und alles von der Mitte her zu einem glatten Teig verkneten, dabei die restliche Milch zufügen. 45 Minuten gehen lassen.

3 Den Teig ausrollen, auf ein gebuttertes Blech legen und einen Rand hochziehen. Mehrmals einstechen.

4 Äpfel schälen und vierteln, Kerngehäuse entfernen. Das Fruchtfleisch würfeln. Zwiebeln schälen und ebenfalls würfeln. Äpfel und Zwiebeln mit Gewürzen vermischen und auf dem Teig verteilen. Salzen. Im vorgeheizten Backofen bei 200 °C 25 Minuten backen. Sofort mit dem Öl beträufeln.

Schnittlauchkuchen

Zutaten
- 500 g Mehl
- 30 g Hefe
- ¼ l Milch
- Salz
- 100 g Butter
- 200 g Salami
- 150 g Schinkenspeck
- 4 Bund Schnittlauch
- 3 Eier
- 400 g saure Sahne

1 Das Mehl in eine Schüssel sieben, eine Vertiefung in die Mitte drücken. Hefe und Zucker in ⅛ Liter lauwarmer Milch verquirlen, in die Vertiefung gießen und mit etwas Mehl bestäuben. Zugedeckt 20 Minuten gehen lassen.

2 Butter in Flöckchen und 1 Prise Salz unterkneten, dabei nach und nach auch die restliche Milch zufügen. Den Teig zugedeckt weitere 45 Minuten gehen lassen.

3 Teig ausrollen, auf ein gebuttertes Blech legen und einen Rand hochziehen. Schnittlauch waschen, trockentupfen und in Röllchen schneiden. Salami und Schinkenspeck fein würfeln. Alles gleichmäßig auf dem Teig verteilen.

4 Eier mit 1 kräftigen Prise Salz und der sauren Sahne verrühren. Über den Kuchen gießen. Im vorgeheizten Backofen bei 200 °C etwa 45 Minuten backen.

Zwiebelkuchen

1 Das Mehl in eine Schüssel sieben, in die Mitte eine Vertiefung drücken. Die Hefe in ⅛ Liter lauwarmer Milch verquirlen, in die Vertiefung gießen, etwas Mehl vom Rand dazugeben und einen breiartigen Vorteig herstellen. Die Butter in Flöckchen, 1 Teelöffel Salz und 1 Ei auf den Mehlrand geben. An einem warmen Ort 20 Minuten zugedeckt gehen lassen.

2 Die Zutaten von der Mitte her zu einem glatten Teig verkneten. Dabei nach und nach auch die restliche Milch einarbeiten. Nochmals zugedeckt 45 Minuten gehen lassen.

4 Den Schmand, die restlichen Eier, das Stärkemehl und den Kümmel verrühren und mit Salz und Pfeffer abschmecken.

5 Den Teig zusammenstoßen, auf der bemehlten Arbeitsfläche durchkneten und ausrollen. Ein Backblech ausbuttern, den Teig darauf geben und einen Rand hochziehen. Mehrmals einstechen.

6 Die Speck-Zwiebel-Mischung gleichmäßig darauf verteilen und die Schmand-Eier-Masse darüber geben. Den Zwiebelkuchen im vorgeheizten Backofen bei 200 °C etwa 35 Minuten backen.

3 Inzwischen den Speck in kleine Würfel schneiden. Die Zwiebeln schälen und in feine Ringe schneiden. Das Öl in einer Pfanne erhitzen, Speck und Zwiebeln hineingeben und 5 Minuten dünsten, aber keine Farbe annehmen lassen. Die Pfanne vom Herd nehmen und die Mischung auskühlen lassen.

Tipp Ganz anders schmeckt der Zwiebelkuchen, wenn Sie anstelle des Specks Thunfisch unter die gedünsteten Zwiebeln mischen (den Fisch vorher gut abtropfen lassen). Um den mediterranen Geschmack zu unterstreichen, ersetzen Sie den Kümmel dann durch Thymian oder Oregano.

Zutaten
- *500 g Mehl*
- *30 g Hefe*
- *¼ l Milch*
- *80 g Butter*
- *Salz*
- *5 Eier*
- *250 g durchwachsener Speck*
- *1 kg Zwiebeln*
- *3 EL Öl*
- *400 g Schmand*
- *30 g Stärkemehl*
- *1 EL Kümmel*
- *Frisch gemahlener schwarzer Pfeffer*

Speckkuchen

1 Das Mehl in eine Schüssel sieben und in die Mitte eine Vertiefung drücken. Die Hefe in ⅛ Liter lauwarmer Milch verquirlen und in die Vertiefung gießen. Etwas Mehl vom Rand hineingeben. 20 Minuten zugedeckt gehen lassen.

2 Salz, 1 Ei und das Butterschmalz in Flöckchen auf dem Mehlrand verteilen. Von der Mitte her einen glatten Teig kneten, dabei die restliche Milch zufügen. Zugedeckt 45 Minuten gehen lassen.

3 Für den Belag den Speck in kleine Würfel schneiden. Die Zwiebeln schälen, fein schneiden und mit den Speckwürfeln und dem Kümmel vermischen.

4 Den Teig ausrollen und auf ein gebuttertes Blech legen. Einen Rand hochziehen. Die Speckmischung gleichmäßig verteilen. Die restlichen Eier mit dem Schmand verquirlen und darüber gießen. Den Kuchen im vorgeheizten Backofen bei 200 °C etwa 25 Minuten backen.

Zutaten
- *500 g Mehl*
- *30 g Hefe*
- *¼ l Milch*
- *½ TL Salz*
- *5 Eier*
- *60 g Butterschmalz*
- *500 g durchwachsener Speck*
- *500 g Zwiebeln*
- *1 EL Kümmel*
- *400 g Schmand*

Zucchinikuchen

1 Das Mehl in eine Schüssel sieben; eine Vertiefung in die Mitte drücken. Hefe und Zucker in ⅛ Liter lauwarmer Milch verquirlen, in die Vertiefung gießen und mit etwas Mehl bestäuben. An einem warmen Ort 20 Minuten gehen lassen.

2 Butter in Flöckchen und 1 Prise Salz unterkneten, dabei nach und nach auch die restliche Milch zufügen. Den Teig zugedeckt weitere 45 Minuten gehen lassen.

3 Teig ausrollen, auf ein gebuttertes Blech legen, einen Rand hochziehen. Zucchini waschen, abtrocknen und fein hobeln. Gleichmäßig auf dem Teig verteilen.

4 Schmand und Eier verrühren. Knoblauch schälen und dazupressen. Mit 1 kräftigen Prise Salz und Pfeffer würzig abschmecken. Die Masse über den Kuchen gießen. Im vorgeheizten Backofen bei 200 °C etwa 45 Minuten backen.

Zutaten
- *500 g Mehl*
- *30 g Hefe*
- *¼ l Milch*
- *Salz*
- *100 g Butter*
- *1,5 kg Zucchini*
- *400 g Schmand*
- *4 Eier*
- *1 Knoblauchzehe*
- *Frisch gemahlener schwarzer Pfeffer*

Blutwurstkuchen

Zutaten
- *7 Zwiebeln*
- *125 g Butter*
- *500 g mehlige Kartoffeln*
- *500 g Mehl*
- *30 g Hefe*
- *½ TL Zucker*
- *¼ l Milch*
- *2 EL Kümmel*
- *2–3 EL Semmelbrösel*
- *5 säuerliche Äpfel*
- *750 g Blutwurst*
- *4 EL gehackte Kräuter (Majoran, Petersilie, Schnittlauch)*
- *Salz*
- *Frisch gemahlener weißer Pfeffer*
- *500 g Schmand*
- *6 Eigelb*
- *200 ml Schlagsahne*
- *1 EL Stärkemehl*

1 6 Zwiebeln schälen und fein hacken. In einer Pfanne 50 Gramm Butter erhitzen, die Zwiebeln darin bräunen und anschließend auskühlen lassen. Die Kartoffeln mit der Schale kochen, garen, pellen und auf der Käsereibe grob raffeln.

2 Das Mehl in eine Schüssel sieben, in die Mitte eine Vertiefung drücken. Die Hefe mit dem Zucker in ⅛ Liter lauwarmer Milch verquirlen und in die Vertiefung gießen. Etwas Mehl vom Rand einrühren und einen breiartigen Vorteig herstellen. Zugedeckt an einem warmen Ort 20 Minuten gehen lassen.

3 Von der Mitte her die Zutaten zu einem glatten Hefeteig verkneten, dabei den Kümmel, die restliche Butter und die restliche Milch zugeben. Den Teig nochmals zugedeckt 45 Minuten gehen lassen.

4 Ein Backblech ausbuttern und mit Semmelbröseln ausstreuen. Den Teig auf der bemehlten Arbeitsfläche durchkneten, ausrollen und auf das Backblech legen. Ringsum einen Rand hochziehen und den Teig mehrmals mit einer Gabel einstechen.

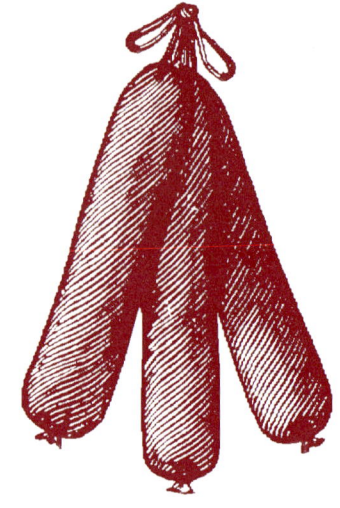

5 Die Äpfel schälen und vierteln, dabei die Kerngehäuse entfernen. Das Fruchtfleisch in kleine Würfel schneiden. Die letzte Zwiebel schälen und fein hacken. Die Blutwurst ebenfalls würfeln. Blutwurst, Äpfel, geriebene Kartoffeln, frische und gebräunte Zwiebeln und Kräuter auf dem Teig verteilen. Salzen und pfeffern.

6 Für den Guss Schmand mit Eigelb, Schlagsahne und Stärkemehl verrühren. Die Mischung salzen und auf den Belag gießen. Im vorgeheizten Backofen bei 200°C etwa 35 Minuten backen.

Sauerkrautkuchen

1 Das Mehl in eine Schüssel sieben, in die Mitte eine Vertiefung drücken. Zerbröckelte Hefe und Zucker in ⅛ Liter lauwarmer Milch verrühren und in die Vertiefung gießen. Etwas Mehl vom Rand einrühren und einen breiartigen Vorteig herstellen. Zugedeckt an einen warmen Ort stellen und 30 Minuten gehen lassen.

2 Auf dem Mehlrand die Butter in Flöckchen, die Eier und das Salz verteilen. Die Zutaten von der Mitte her zu einem glatten Teig verkneten, dabei die restliche Milch bis auf 2 Esslöffel zugeben. Den Teig kräftig durchkneten, bis er sich vom Schüsselboden löst, und zugedeckt 1 Stunde an einem warmen Platz gehen lassen.

3 Inzwischen die Zwiebeln schälen und in kleine Würfel schneiden. Das Sauerkraut fein hacken. In einem Topf das Butterschmalz erhitzen, die Zwiebeln hineingeben und glasig dünsten. Das Sauerkraut zugeben. Alles 10 Minuten schmoren und anschließend gut auskühlen lassen. Den Schinkenspeck mit einem scharfen Messer in feine Scheiben schneiden.

4 Den Teig auf der bemehlten Arbeitsfläche durchkneten und in 2 Hälften teilen. Ein Backblech ausbuttern. Die erste Teighälfte ausrollen, auf das Backblech legen und einen Rand hochziehen. Das Sauerkraut auf der Teigplatte verteilen und mit den Schinkenspeckscheiben belegen.

5 Die zweite Teighälfte ausrollen, auf die Füllung legen und an den Rändern fest andrücken. Eigelb mit 2 Esslöffel Milch verquirlen. Den Kuchen damit einstreichen und im vorgeheizten Backofen bei 200 °C etwa 50 Minuten backen.

Variante Sie können den Schinkenspeck durch Nürnberger Bratwürste ersetzen. 10 Würste in 2 Esslöffel Öl etwa 8 Minuten rundum knusprig braun braten. Auf Küchenkrepp etwas abtropfen lassen und in kleine Stücke schneiden. Die Wurst unter das Sauerkraut mengen und die Mischung auf dem Teig verteilen. Soll der Kuchen nicht gedeckt sein, übergießen Sie das Kraut mit einer Mischung aus 4 Eiern und 400 Gramm Schmand und lassen ihn im vorgeheizten Backofen bei 200 °C etwa 35 Minuten backen.

Zutaten
- 1 kg Mehl
- 60 g Hefe
- 1 kräftige Prise Zucker
- ½ l Milch
- 150 g Butter
- 2 Eier
- 1 TL Salz
- 5 Zwiebeln
- 1,5 kg Sauerkraut
- 40 g Butterschmalz
- 250 g Schinkenspeck
- 2 Eigelb

Zutaten

- *15 g frische Hefe*
- *1 Prise Zucker*
- *300 g Mehl*
- *4 EL Olivenöl*
- *1 kg Lauch*
- *300 g Champignons*
- *40 g Butter*
- *Salz*
- *Frisch gemahlener weißer Pfeffer*
- *500 g Schnittkäse*
- *1 EL Tomatenmark*
- *200 g gehackte Walnüsse*
- *2 TL Oregano*

Zutaten

- *Teig wie bei Lauchpizza*
- *1,5 kg Lauch*
- *Salz*
- *400 g durchwachsener Speck*
- *½ l Schlagsahne*
- *6 Eier*
- *Frisch gemahlener weißer Pfeffer*
- *Estragon*

Lauchpizza

1 Hefe und Zucker in ⅛ Liter lauwarmem Wasser verquirlen und zugedeckt etwa 10 Minuten stehen lassen. Mehl und 1 Esslöffel Öl zufügen und alles zu einem glatten Teig verkneten. Nochmals 30 Minuten an einem warmen Ort gehen lassen.

2 Den Lauch in etwa 1 Zentimeter breite Ringe schneiden, waschen, 5 Minuten in Salzwasser garen und gründlich abtropfen lassen. Die Champignons putzen, vierteln und in Butter 5 Minuten dünsten. Pilze und Lauch vermischen, mit Salz und Pfeffer würzen. Den Käse in kleine Würfel schneiden.

3 Den Teig ausrollen, auf ein gebuttertes Blech legen und mit Tomatenmark bestreichen. Die ausgekühlte Lauch-Pilz-Mischung darauf verteilen und mit Käsewürfeln, Nüssen und Oregano bestreuen. Die Pizza mit Olivenöl beträufeln und im vorgeheizten Backofen bei 200 °C etwa 25 Minuten backen.

Lauch-Speck-Pizza

1 Hefeteig wie für die Lauchpizza zubereiten. Den Lauch in 1 Zentimeter breite Ringe schneiden, waschen und in Salzwasser 5 Minuten garen, abtropfen lassen. Den Speck in kleine Würfel schneiden, kross ausbraten und zum Lauch geben.

2 Sahne und Eier verquirlen und mit Salz, Pfeffer und Estragon würzen. Den Teig ausrollen und auf ein gebuttertes Backblech legen. Lauch-Speck-Mischung darauf verteilen und die Eiersahne darüber gießen. Die Pizza im vorgeheizten Backofen bei 200 °C etwa 25 Minuten knusprig backen.

Tipp Der Pizzateig schmeckt besonders vorzüglich, wenn er mit Kartoffeln verfeinert wird. Rühren Sie den Teig dann nur mit 150 Gramm Mehl an und geben Sie 150 Gramm geriebene Pellkartoffeln dazu.

Lauch-Speck-Pizza

Roquefortpizza

Zutaten

- *200 g Zwiebeln*
- *4 EL Olivenöl*
- *15 g Hefe*
- *1 Prise Zucker*
- *300 g Mehl*
- *1 kg Tomaten*
- *1 Zweig Rosmarin*
- *2 EL Tomaten- mark*
- *125 g Roquefort*
- *100 g geriebener Parmesan*

1 Die Zwiebeln schälen und fein schneiden. In einer Pfanne 3 Esslöffel Öl erhitzen, die Zwiebeln zugeben und gold- gelb braten. Die Hefe mit Zucker in ⅛ Liter lauwarmem Wasser verquirlen. Zugedeckt 10 Minuten stehen lassen.

2 Das Mehl und das restliche Öl zu- fügen und alles zu einem glatten Teig verkneten. Zwiebeln untermischen. 30 Minuten gehen lassen.

3 Die Tomaten überbrühen, häuten und in Scheiben schneiden. Die Rosmarinna- deln abzupfen. Ein Backblech ausbuttern.

4 Den Teig durchkneten, ausrollen und auf das Backblech geben. Mit Tomaten- mark bestreichen und mit Tomatenschei- ben belegen. Zerkrümelten Roquefort, Rosmarin und Parmesan aufstreuen. Die Pizza im vorgeheizten Backofen bei 200 °C etwa 25 Minuten backen.

Pizza mit Pilzen

Zutaten

- *15 g Hefe*
- *1 Prise Zucker*
- *300 g Mehl*
- *1 EL Olivenöl*
- *Salz*
- *500 g Champig- nons*
- *1 Dose Pizza- tomaten*
- *2 Knoblauchzehen*
- *⅓ TL getrockneter Oregano*
- *Frisch gemahlener schwarzer Pfeffer*
- *125 g Mozzarella*

1 Die Hefe mit Zucker in ⅛ Liter lau- warmem Wasser auflösen. Das Mehl in eine Schüssel sieben, die Hefelösung und das Öl dazugießen, mit 1 Prise Salz wür- zen und alles zu einem geschmeidigen Teig verkneten. 30 Minuten gehen lassen.

2 Pilze mit einem Tuch abreiben und in dünne Scheiben schneiden. Knoblauch schälen und fein hacken. Die Pizzatoma- ten mit Oregano, Salz und Pfeffer würzen. Mozzarella in dünne Scheiben schneiden.

3 Den Teig auf der bemehlten Arbeits- fläche dünn ausrollen. Auf ein geöltes Backblech legen und einen Rand hochzie- hen. Mehrmals einstechen. 30 Minuten gehen lassen.

4 Die Pizzatomaten gleichmäßig auf den Boden streichen. Pilze und Knob- lauch darauf verteilen. Die Pizza im vorgeheizten Backofen bei 200 °C etwa 15 Minuten backen. Mozzarella auflegen und weitere 10 Minuten backen.

Auberginenpizza

1 Mehl in eine Schüssel sieben, in die Mitte eine Vertiefung drücken. Hefe in 150 Milliliter lauwarmem Wasser verrühren, in die Vertiefung gießen. Mit Mehl bestäuben. 15 Minuten gehen lassen.

2 1 Esslöffel Olivenöl und 1 kräftige Prise Salz zugeben, den Teig kräftig durchkneten. 30 Minuten gehen lassen.

3 Inzwischen die Aubergine waschen, in Scheiben schneiden und im restlichen Öl anbraten. Die Tomaten überbrühen,

häuten und in Scheiben schneiden. Zu den Auberginen geben, salzen und pfeffern. Den Mozzarella in Scheiben schneiden, den Schinken würfeln.

4 Eine Tarteform ölen. Den Teig hineingeben und einen Rand hochziehen. Mehrmals mit einer Gabel einstechen. Tomatenmark aufstreichen. Gemüse, Mozzarella und Schinken auf dem Teig verteilen. Kräuter aufstreuen und die Pizza im vorgeheizten Backofen bei 220°C etwa 20 Minuten backen.

Zutaten
- *300 g Mehl*
- *15 g Hefe*
- *6 EL Olivenöl*
- *Salz*
- *1 Aubergine*
- *4 Tomaten*
- *Frisch gemahlener weißer Pfeffer*
- *250 g Mozzarella*
- *200 g roher Schinken*
- *2 EL Tomatenmark*
- *1 TL Oregano*
- *½ TL Majoran*
- *2 EL fein geschnittenes Basilikum*

Sardellenpizza

1 Teig wie für die Auberginenpizza zubereiten. Die Tomaten überbrühen, häuten und in Scheiben schneiden. Zwiebeln und Knoblauchzehen schälen und feinblättrig schneiden. Die Sardellen abtropfen lassen und fein würfeln.

2 Das Olivenöl erhitzen. Die Zwiebeln darin 5 Minuten dünsten. Tomaten, Knoblauch, Oliven und Kapern zufügen.

Weitere 5 Minuten dünsten, salzen und pfeffern. Die Pfanne vom Herd nehmen und die Mischung auskühlen lassen.

3 Den Teig auf der leicht bemehlten Arbeitsfläche ausrollen, auf ein gebuttertes Blech geben und den Belag darauf verteilen. Die Pizza mit geriebenem Parmesan bestreuen und im vorgeheizten Backofen bei 220°C etwa 20 Minuten backen.

Zutaten
- *Teig wie bei Auberginenpizza*
- *6 Tomaten*
- *1 Zwiebel*
- *2 Knoblauchzehen*
- *8 Sardellenfilets*
- *3 EL Olivenöl*
- *100 g Oliven*
- *1 EL Kapern*
- *125 g Parmesan*

Käsewähe

- *250 g Mehl*
- *15 g Hefe*
- *1 Prise Zucker*
- *⅛ l Milch*
- *40 g Butter*
- *Salz*
- *2 EL Semmel-*
  brösel
- *250 g Schinken-*
  speck
- *125 g saure Sahne*
- *3 Eier*
- *Paprikapulver*
- *8 Scheiben Käse*

1 Für den Teig das Mehl in eine Schüssel sieben und in die Mitte eine Vertiefung drücken. Hefe und Zucker in der Milch verquirlen und zugedeckt 10 Minuten an einen warmen Ort stellen. Die Flüssigkeit in die Vertiefung gießen und mit dem Mehl, der Butter und 1 Prise Salz verkneten. Nochmals zugedeckt 30 Minuten an einem warmen Ort gehen lassen.

2 Eine Wähenform ausbuttern. Den Teig kräftig durchkneten, in die Form geben und mit Semmelbröseln bestreuen.

3 Für den Belag den Schinkenspeck in dünne Scheiben schneiden und gleichmäßig auf dem Teig verteilen. Saure Sahne und Eier verquirlen, mit Salz und Paprika würzen und die Schinkenscheiben damit begießen. Die Wähe im vorgeheizten Backofen bei 200°C etwa 20 Minuten goldgelb backen.

4 Die Käsescheiben diagonal halbieren und auf die Wähe legen. Weitere 5 Minuten in den Ofen schieben, bis der Käse geschmolzen ist.

Kartoffelwähe

- *250 g Mehl*
- *15 g Hefe*
- *1 Prise Zucker*
- *⅛ l Milch*
- *60 g Butter*
- *1,5 kg Kartoffeln*
- *400 g Zwiebeln*
- *Salz*
- *Frisch gemahlener*
  schwarzer Pfeffer
- *200 g saure Sahne*
- *4 Eier*

1 Das Mehl in eine Schüssel sieben, eine Vertiefung in die Mitte drücken. Hefe und Zucker in lauwarmer Milch verquirlen, in die Vertiefung gießen, mit Mehl bestäuben und 10 Minuten gehen lassen. 40 Gramm Butter und 1 Prise Salz unterkneten. 30 Minuten gehen lassen.

2 Kartoffeln in dünne Scheiben hobeln. Zwiebeln schälen und würfeln. In 2 Esslöffel Butter glasig dünsten. Kartoffeln zugeben und 2 bis 3 Minuten mitdünsten. Den Teig ausrollen, in eine gebutterte Wähenform legen. Kartoffel-Zwiebel-Mischung darauf verteilen. Salzen, pfeffern.

3 Saure Sahne und Eier verquirlen. Die Mischung ebenfalls würzen und über den Kuchen gießen. Im vorgeheizten Backofen bei 200°C etwa 35 Minuten backen.

Nussrosen

Z u t a t e n
- *500 g Mehl*
- *30 g Hefe*
- *1 Prise Zucker*
- *¼ l Milch*
- *280 g Butter*
- *Salz*
- *250 g durchwach-sener Speck*
- *150 g Semmel-brösel*
- *300 g gehackte Erdnüsse*

1 Das Mehl in eine Schüssel sieben und eine Vertiefung in die Mitte drücken. Hefe und Zucker in ⅛ Liter lauwarmer Milch verquirlen und in die Vertiefung gießen. Etwas Mehl vom Rand dazugeben und einen breiartigen Vorteig anrühren. An einem warmen Ort 20 Minuten zugedeckt gehen lassen.

2 100 Gramm Butter und ½ Teelöffel Salz auf dem Mehlrand verteilen. Von der Mitte her die Zutaten zu einem glatten Teig verkneten, dabei auch die restliche Milch zugeben. Den Teig so lange kräftig durchkneten, bis er sich vom Schüsselboden löst. Zugedeckt an einem warmen Ort 45 Minuten gehen lassen.

3 Inzwischen den Speck in kleine Würfel schneiden und kross ausbraten. Die Semmelbrösel in 20 Gramm Butter goldgelb rösten.

4 Den Hefeteig nochmals durchkneten, auf der bemehlten Arbeitsfläche ausrollen und mit 80 Gramm Butter bestreichen. Semmelbrösel, Speckwürfel und Erdnüsse auf dem Teig verteilen.

5 Den Teig aufrollen und in 9 Stücke schneiden. Eine Springform ausbuttern, 8 Teigstücke zu einem Ring hineinsetzen und das letzte Stück in die Mitte geben. Nochmals 15 Minuten gehen lassen. Die restliche Butter auslassen. Die Nussrosen damit bestreichen und im vorgeheizten Backofen bei 200 °C 45 Minuten goldbraun backen.

Tipp Statt der Erdnüsse können Sie für die Nussrosen auch Haselnüsse verwenden. Besonders intensiv wird ihr Aroma, wenn Sie sie vorher im Backofen (100 °C) oder ohne Fett in einer Pfanne anrösten.

107

Beljaschi

1 Die Milch leicht erwärmen, die Hefe einbröckeln und mit der Hälfte des Mehls verrühren. 2 Stunden gehen lassen.

2 4 Eier, 1 Teelöffel Salz und das restliche Mehl einrühren. Zuletzt die Butter unterrühren. 45 Minuten gehen lassen.

3 Rindfleisch in kleine Stücke schneiden. Die Zwiebeln schälen und grob würfeln. Fleisch und Zwiebeln durch den Fleischwolf drehen, mit Quark und Ei vermischen. Salzen, pfeffern.

4 Den Teig auf der bemehlten Arbeitsfläche ein letztes Mal kräftig durchkneten und dann 1 Zentimeter dick ausrollen. Kreise von 12 Zentimeter Durchmesser ausstechen. Jeweils 1 Esslöffel Fleischmasse in die Mitte geben. Die Ränder so darüber legen, dass gerade noch etwas Füllung in der Mitte zu sehen ist. 20 Minuten gehen lassen. Die Beljaschi auf ein gebuttertes Backblech legen und jeweils 1 Butterflöckchen obenauf setzen. Im vorgeheizten Backofen bei 200 °C etwa 15 Minuten backen.

Zutaten
- 1/4 l Milch
- 20 g Hefe
- 600 g Mehl
- 5 Eier
- Salz
- 125 g Butter
- 500 g Rindfleisch
- 3 Zwiebeln
- 2 EL Quark
- Frisch gemahlener schwarzer Pfeffer
- 80 g Butter

Piroshki mit Kräutern

1 Den Hefeteig wie für die Beljaschi zubereiten. Die Zwiebeln schälen und fein hacken. Den Schnittlauch waschen, abtropfen lassen und in Röllchen schneiden. Sauerampfer, Minze- und Korianderblätter ebenfalls waschen, trockentupfen, fein schneiden, mit dem Schnittlauch und den Zwiebeln vermischen, mit Salz, Pfeffer und Paprika herzhaft würzen. Zuletzt das Öl zugeben.

2 Aus dem Teig Plätzchen von 12 Zentimeter Durchmesser ausstechen. Jeweils 1 Esslöffel Kräutermasse darauf geben und die Teigränder von 3 Seiten über die Füllung klappen. Die Piroshki nochmals 10 Minuten gehen lassen, mit saurer Sahne bestreichen, auf ein gebuttertes Backblech setzen und im vorgeheizten Backofen bei 200 °C etwa 15 Minuten goldgelb backen.

Zutaten
- Teig wie bei den Beljaschi
- 2 Zwiebeln
- 2 Bund Schnittlauch
- 200 g Sauerampfer
- Je 5 Minze- und Korianderblätter
- Salz
- Frisch gemahlener weißer Pfeffer
- Paprikapulver
- 4 EL Öl
- 200 g saure Sahne

Beljaschi

Hefe-Kartoffel-Rolle

- *400 g mehlige Kartoffeln*
- *500 g Mehl*
- *220 ml Milch*
- *60 g Hefe*
- *½ TL Zucker*
- *2 Eier*
- *250 g Quark*
- *Salz*
- *400 g durchwachsener Speck*
- *600 g Zwiebeln*
- *30 g Butterschmalz*
- *200 g Reibekäse*
- *4 EL gehackte Kräuter (Schnittlauch, Petersilie, Majoran)*
- *2 Eigelb*
- *2 EL Kürbiskerne*

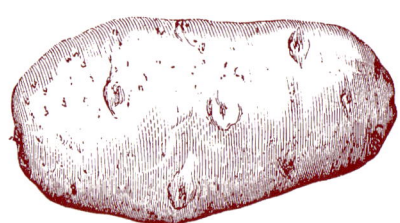

1 Die Kartoffeln in der Schale kochen, pellen und durch die Kartoffelpresse drücken. Das Mehl in eine Schüssel sieben und eine Vertiefung in die Mitte drücken. Von der Milch 2 Esslöffel abnehmen. Den Rest erwärmen und Hefe und Zucker darin auflösen. Die Flüssigkeit in die Vertiefung gießen, mit etwas Mehl vom Rand bestäuben und einen breiartigen Vorteig anrühren. Zugedeckt an einen warmen Platz stellen und 20 Minuten gehen lassen.

2 Auf dem Mehlrand Eier, Quark und ½ Teelöffel Salz verteilen. Die Zutaten von der Mitte her zu einem glatten Teig verkneten und den Teig nochmals zugedeckt 1 Stunde gehen lassen.

3 Den Speck in kleine Würfel schneiden. Die Zwiebeln schälen und fein hacken. Butterschmalz erhitzen, Speck und Zwiebeln hineingeben und 5 Minuten anbraten; auskühlen lassen.

4 Den Teig nochmals kräftig durchkneten und auf der bemehlten Arbeitsfläche ausrollen. Zwiebeln und Speck mit dem 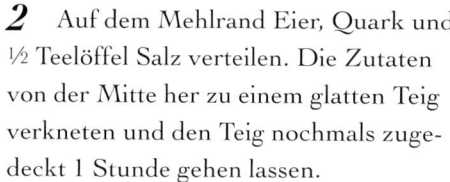 Bratfett gleichmäßig darauf verteilen. Reibekäse und Kräuter darüber streuen und den Teig aufrollen.

5 Ein Backblech ausbuttern und die Hefe-Kartoffel-Rolle mit der Naht nach unten darauf legen. Eigelb und die 2 Esslöffel Milch verrühren. Die Rolle damit bestreichen, mit Kürbiskernen verzieren und im vorgeheizten Backofen bei 200 °C etwa 35 Minuten backen. Herausnehmen und zum Auskühlen auf ein Kuchengitter legen.

Tipp Die Hefe-Kartoffel-Rolle schmeckt auch frisch aus dem Ofen hervorragend. Mit einem gemischten Salat wird daraus ein komplettes Abendessen. Wenn Sie keinen Speck mögen, ersetzten Sie ihn durch die entsprechende Menge gewürfelten Schafskäse.

Zwiebelpiroggen

1 Das Mehl in eine Schüssel sieben und in die Mitte eine Vertiefung drücken. Die Hefe und den Zucker in lauwarmer Milch verrühren und in die Vertiefung gießen. 20 Minuten gehen lassen.

2 Auf dem Rand 1 Ei, die Butter in Flöckchen und ½ Teelöffel Salz verteilen. Gut verkneten und den Teig nochmals zugedeckt 45 Minuten gehen lassen. Zwiebeln schälen, fein würfeln, im heißen Öl glasig dünsten, mit Salz und Muskat würzen.

3 Den Teig auf der bemehlten Arbeitsfläche ausrollen und Kreise von 12 Zentimeter Durchmesser ausstechen. Jeweils 1 Esslöffel Zwiebelmasse in die Mitte geben. Zuerst die linke untere Seite, dann die rechte untere Seite und zuletzt die obere Seite zur Mitte schlagen. Die Teigenden mit den Fingerspitzen fassen und leicht zusammendrehen. 10 Minuten gehen lassen. Ein Backblech ausbuttern, die Piroggen auflegen, mit verquirltem Ei bestreichen und im vorgeheizten Backofen bei 200 °C etwa 15 Minuten backen.

Zutaten
- *450 g Mehl*
- *25 g Hefe*
- *1 TL Zucker*
- *200 ml Milch*
- *2 Eier*
- *80 g Butter*
- *Salz*
- *500 g Zwiebeln*
- *4 EL Öl*
- *1 Msp. Muskat*

Käsepiroggen

1 Das Mehl in eine Schüssel sieben; eine Vertiefung in die Mitte drücken. Hefe und Zucker in etwas lauwarmer Milch verquirlen, in die Vertiefung gießen, mit etwas Mehl bestäuben und 20 Minuten gehen lassen.

2 1 Ei, Butter in Flöckchen und Salz unterkneten; dabei die restliche Milch einarbeiten. Nochmals 30 Minuten gehen las-sen. Währenddessen Schafskäse zerbröckeln und mit dem zweiten Ei vermengen.

3 Teig ausrollen und 12 Zentimeter große Kreise ausstechen. Jeweils 1 Esslöffel Käse in die Mitte geben, die Seiten zur Mitte schlagen und mit den Fingern zusammendrehen. Auf einem gebutterten Blech im vorgeheizten Backofen bei 200 °C etwa 15 Minuten backen.

Zutaten
- *450 g Mehl*
- *25 g Hefe*
- *1 TL Zucker*
- *200 ml Milch*
- *2 Eier*
- *80 g Butter*
- *1 Prise Salz*
- *500 g Schafskäse*

111

Brot und
Gebäck

Roggenbrot

Zutaten

- *750 g Roggenschrot*
- *300 g Weizenmehl*
- *60 g Hefe*
- *1 TL Zucker*
- *½ TL Salz*
- *3 EL Sirup*
- *Saft von 1 Zitrone*
- *200 g Roggenkörner*

1 500 Gramm Roggenschrot mit ½ Liter Wasser verrühren und zugedeckt über Nacht quellen lassen.

2 Den restlichen Schrot mit dem Weizenmehl in einer Schüssel mischen und in die Mitte eine Vertiefung drücken. Die Hefe zerbröckeln und mit Zucker, Salz und 150 Milliliter lauwarmem Wasser verquirlen, in die Vertiefung gießen und mit etwas Mehl verrühren. 30 Minuten zugedeckt gehen lassen.

3 Den gequollenen Schrot zugeben und alles mit nassen Händen 10 Minuten gut verkneten. 1 Stunde gehen lassen. Einen länglichen Laib formen und auf ein bemehltes Backblech legen.

4 Sirup und Zitronensaft verrühren und das Brot damit bestreichen. Roggenkörner aufstreuen. Das Brot im vorgeheizten Backofen bei 200 °C 1 Stunde backen. Herausnehmen und sofort auf ein Kuchengitter legen.

Anisbrot

Zutaten

- *1 kg Mehl*
- *70 g Hefe*
- *250 g Zucker*
- *400 ml Milch*
- *50 g Zitronat*
- *50 g Orangeat*
- *150 g Butter*
- *1 TL abgeriebene, unbehandelte Zitronenschale*
- *½ TL Salz*
- *1 EL gemahlener Anis*
- *2 Eigelb*
- *Brauner Zucker zum Bestreuen*

1 Das Mehl in eine Schüssel sieben, in die Mitte eine Vertiefung drücken. Hefe und 1 Teelöffel Zucker in 200 Milliliter lauwarmer Milch verrühren und in die Vertiefung gießen. Mit Mehl bestäuben. Zugedeckt 30 Minuten gehen lassen.

2 Zitronat und Orangeat fein hacken. Zusammen mit dem restlichen Zucker, der Butter in Flöckchen, Zitronenschale, Salz und Anis auf dem Mehlrand verteilen. Die

Zutaten von der Mitte her verkneten, dabei die restliche Milch zufügen. Den Teig kräftig durchkneten und zugedeckt 1 Stunde an einen warmen Platz stellen.

3 Ein Backblech ausbuttern. Den Teig zu einem ovalen Laib formen, auf das Backblech legen, mit Eigelb bestreichen und mit Rohrzucker bestreuen. Das Brot im vorgeheizten Backofen bei 200 °C etwa 1 Stunde backen.

Erdnussbrot

Zutaten
- 500 g Roggenmehl
- 500 g Weizenmehl
- 60 g Hefe
- ½ TL Zucker
- 150 g Sauerteig (vom Bäcker)
- 1 TL Salz
- 3 EL Sirup
- 200 g gehackte, geröstete Erdnüsse

1 Beide Mehlsorten vermischen und in eine Schüssel sieben. Zerbröckelte Hefe und Zucker in 200 Milliliter Wasser verrühren, in die Vertiefung gießen und mit etwas Mehl vom Rand zu einem breiartigen Vorteig verrühren. Zugedeckt 30 Minuten an einen warmen Platz stellen.

2 Sauerteig, Salz und Sirup mit 300 Milliliter Wasser verrühren und auf dem Mehlrand verteilen. Die Zutaten von der Mitte her zu einem glatten Teig kneten.

Die Erdnüsse zugeben und den Teig kräftig durchkneten. Zugedeckt 1 Stunde an einen warmen Platz stellen.

3 Ein Backblech buttern. Den Teig zu einem runden Laib formen und auf das Blech legen. Das Brot mit lauwarmem Wasser bestreichen, mit einem Messer mehrmals einritzen und im vorgeheizten Backofen bei 220 °C etwa 50 Minuten backen. Herausnehmen und zum Auskühlen sofort auf ein Kuchengitter setzen.

Safranbrot

Zutaten
- 500 g Mehl
- 35 g Hefe
- 1 Prise Zucker
- 275 ml Milch
- 1 TL gemahlener Safran
- 1 Ei
- 125 g Butter

1 Das Mehl in eine Schüssel sieben, in die Mitte eine Vertiefung drücken. Hefe mit dem Zucker in ⅛ Liter lauwarmer Milch verrühren, in die Vertiefung gießen, etwas Mehl vom Rand dazugeben und einen breiartigen Vorteig herstellen. Zugedeckt 20 Minuten gehen lassen.

2 Den Safran in 1 Esslöffel warmem Wasser auflösen und mit dem Ei, der Butter und dem Salz auf dem Mehlrand verteilen. Von der Mitte her die Zutaten zu einem glatten Teig verkneten, dabei die restliche Milch bis auf 2 Esslöffel zugeben. Zugedeckt 45 Minuten gehen lassen.

3 Den Teig mit bemehlten Händen durchkneten. Eine Kastenform ausbuttern, den Teig einfüllen, mit Milch bestreichen, nochmals 10 Minuten gehen lassen und im vorgeheizten Backofen bei 200 °C etwa 50 Minuten backen.

Kräuterbrot

1 Das Mehl in eine Schüssel sieben, in die Mitte eine Vertiefung drücken. Hefe und Zucker in ⅛ Liter lauwarmer Milch auflösen und in die Vertiefung gießen. Einen Vorteig anrühren, 20 Minuten gehen lassen.

2 Schalotten schälen und fein hacken. Petersilie waschen, trockenschleudern und klein schneiden. Zusammen mit ½ Teelöffel Salz, dem gemahlenen Kümmel, der Butter in Flöckchen und dem Ei auf dem Mehlrand anordnen. Die Zutaten unter Zugabe der restlichen Milch von der Mitte her kräftig verkneten. Zugedeckt 1 Stunde gehen lassen.

3 Den Teig durchkneten, in eine gebutterte Kastenform geben, mit Eigelb bestreichen und mit Salz und Kümmel bestreuen. Im vorgeheizten Backofen bei 200°C etwa 1 Stunde backen.

Zutaten
- *500 g Mehl*
- *30 g Hefe*
- *1 kräftige Prise Zucker*
- *¼ l Milch*
- *5 Schalotten*
- *1 Bund glatte Petersilie*
- *Salz*
- *1 TL gemahlener Kümmel*
- *80 g weiche Butter*
- *1 Ei*
- *1 Eigelb*
- *1 EL Kümmel*

Walnussbrot

1 Das Mehl in eine Schüssel sieben, eine Vertiefung in die Mitte drücken. Hefe und Zucker in ⅛ Liter lauwarmem Wasser verrühren, in die Vertiefung gießen, und einen Vorteig rühren. Zugedeckt 20 Minuten gehen lassen.

2 Auf dem Mehlrand Schalotten, Walnüsse und 1 Teelöffel Salz verteilen. Die Zutaten von der Mitte her verkneten, dabei nochmals ⅛ Liter Wasser zugeben. Zugedeckt 1 Stunde gehen lassen.

3 Eine Kastenform ausbuttern. Den Teig auf der bemehlten Arbeitsfläche durchkneten, in die Form geben und 10 Minuten gehen lassen. Das Brot mit Walnussöl bestreichen, mit Salz und Pfeffer bestreuen und mit den Walnusshälften verzieren. Im vorgeheizten Backofen bei 200°C 1 Stunde backen. Das Brot aus dem Ofen nehmen, noch einige Minuten in der Form lassen, dann auf ein Kuchengitter stürzen, mit einem Küchentuch bedecken und abkühlen lassen.

Zutaten
- *500 g Mehl*
- *30 g Hefe*
- *½ TL Zucker*
- *2 EL gehackte Schalotten*
- *125 g gehackte, geröstete Walnüsse*
- *Salz*
- *2–3 EL Walnussöl*
- *Frisch gemahlener schwarzer Pfeffer*
- *20 Walnusshälften*

Kräuter- und Walnussbrot

Pizzabrot

Zutaten
- 1 kg Mehl
- 40 g Hefe
- ½ TL Zucker
- 1 TL Salz
- 4 TL getrockneter Oregano
- 1 kg Zwiebeln
- 5 Knoblauchzehen
- 2 EL Olivenöl
- 125 g Tomaten- püree
- 125 g gehackte Oliven
- 4 EL gehackte Kapern
- frisch gemahlener schwarzer Pfeffer
- 125 g Reibekäse

1 Das Mehl in eine Schüssel sieben und eine Vertiefung in die Mitte drücken. Die zerbröckelte Hefe mit dem Zucker in ⅛ Liter lauwarmem Wasser verrühren, in die Vertiefung gießen, etwas Mehl vom Rand zufügen und einen breiartigen Vorteig rühren. An einem warmen Ort zugedeckt 20 Minuten gehen lassen.

2 Auf dem Mehlrand Salz und 2 Teelöffel Oregano verteilen. Die Zutaten von der Mitte her verkneten, dabei 375 Milliliter Wasser zugeben. Den Teig zugedeckt weitere 45 Minuten gehen lassen.

3 Inzwischen die Zwiebeln und die Knoblauchzehen schälen und fein hacken. In einer Pfanne das Olivenöl erhitzen, die Zwiebeln hineingeben und 5 Minuten dünsten, jedoch keine Farbe annehmen lassen. Knoblauch, den restlichen Oregano, Tomatenpüree, Oliven und Kapern zugeben. Kurz köcheln, dann mit Salz und Pfeffer würzig abschmecken.

4 Den Teig auf der bemehlten Arbeitsfläche durchkneten und ausrollen. Mit der abgekühlten Zwiebelmischung bestreichen, aufrollen und zu einem länglichen Brot formen. Ein Backblech ausbuttern, das Brot mit der Naht nach unten darauf legen und mit lauwarmem Wasser bestreichen. Mit Käse bestreuen und nochmals 20 Minuten gehen lassen. Im vorgeheizten Backofen bei 200 °C etwa 45 Minuten goldgelb backen.

Variante Wenn Sie die Füllung einmal abwandeln möchten: Je 1 rote und grüne Paprika sowie 2 kleine Zucchini waschen und in Würfelchen schneiden, dabei bei der Paprika die Kerne und weißen Trennhäute entfernen. 1 Bund Frühlingszwiebeln putzen und in dünne Ringe schneiden. Gemüse in 2 Esslöffel Olivenöl 5 Minuten andünsten. 100 Gramm Tomatenpüree zugeben und 5 Minuten köcheln lassen. Mit Salz, Pfeffer und Thymian abschmecken.

Baguette

Zutaten
- *500 g Mehl*
- *35 g Hefe*
- *1 TL Zucker*
- *1 EL Salz*

1 Das Mehl in eine Schüssel sieben, in die Mitte eine Vertiefung drücken. Die Hefe mit dem Zucker in 150 Milliliter lauwarmem Wasser verrühren und in die Vertiefung gießen. Einen Vorteig anrühren. 20 Minuten gehen lassen.

2 Das Salz auf dem Mehlrand verteilen. Alles von der Mitte her miteinander verkneten, dabei noch ⅛ Liter Wasser zugeben. Den Teig so lange kräftig durchkneten, bis er schön glänzt und sich vom Schüsselboden löst. Zugedeckt 45 Minuten gehen lassen.

3 Den Teig auf der bemehlten Arbeitsfläche in 3 Stücke teilen. Jedes Stück zu einer 35 Zentimeter langen Rolle formen und nochmals 15 Minuten gehen lassen. Ein Backblech ausbuttern, die Rollen nebeneinander darauf legen und jeweils vier- bis fünfmal schräg einschneiden. Eine Tasse heißes Wasser in den vorgeheizten Backofen stellen und das Backblech mit den Baguettes hineinschieben. 15 Minuten bei 220 °C backen. Die Brote aus dem Ofen nehmen, sofort mit etwas Wasser bestreichen und zum Abkühlen auf ein Kuchengitter legen.

Knäckebrot

Zutaten
- *500 g Roggenmehl*
- *250 g Weizenmehl*
- *25 g Hefe*
- *1 TL Salz*

1 Das Mehl in eine Schüssel sieben. Die Hefe in 100 Milliliter warmem Wasser verrühren, in die Vertiefung gießen. Einen Vorteig anrühren. 20 Minuten gehen lassen.

2 Den Vorteig unterkneten, dabei weitere 300 Milliliter warmes Wasser und Salz zugeben. 1 Stunde gehen lassen.

3 Den Teig kräftig durchkneten, auf der bemehlten Arbeitsfläche dünn ausrollen und Kreise von 12 Zentimeter Durchmesser ausstechen. 10 Minuten gehen lassen. Ein Backblech ausbuttern, die Teigkreise darauf legen, mit einer Gabel mehrmals einstechen und im vorgeheizten Backofen bei 180 °C etwa 15 Minuten knusprig backen.

Speckbrötchen

Zutaten
- *500 g Mehl*
- *30 g Hefe*
- *¼ l Milch*
- *1 Ei*
- *50 g Butter*
- *½ TL Salz*
- *300 g durchwachsener Speck*
- *2 Zwiebeln*
- *30 g Butterschmalz*
- *2 Eigelb*

1 Das Mehl in eine Schüssel sieben und in die Mitte eine Vertiefung drücken. Die Hefe in ⅛ Liter lauwarmer Milch verquirlen und in die Vertiefung gießen. Etwas Mehl vom Rand dazugeben und einen breiartigen Vorteig herstellen. An einem warmen, zugfreien Ort zugedeckt 20 Minuten gehen lassen.

2 Ei, Butter und Salz auf dem Mehlrand verteilen und alles von der Mitte her kräftig miteinander verkneten. Den Teig nochmals zugedeckt 45 Minuten an einem warmen Ort gehen lassen.

3 Für die Füllung den Speck in kleine Würfel schneiden, die Zwiebeln schälen und fein hacken. In einer Pfanne das Butterschmalz erhitzen, Speck und Zwiebeln hineingeben und goldbraun braten. Die Pfanne vom Herd nehmen und die Speck-Zwiebel-Mischung auskühlen lassen.

4 Den Teig zusammenstoßen, auf der bemehlten Arbeitsfläche durchkneten, zu einer Rolle formen und in 16 Stücke teilen. Jedes Teigstück ausrollen und mit der Speck-Zwiebel-Mischung bestreichen. Teigplatte zu einem ovalen Brötchen formen. Mit Eigelb bestreichen und dreimal schräg einschneiden.

5 Ein Backblech ausbuttern, die Brötchen darauf setzen und bei 200 °C etwa 25 Minuten backen. Auf einem Kuchengitter auskühlen lassen.

Variante Probieren Sie statt der Speck- einmal diese herzhaften Salamibrötchen: 300 Gramm Salami am Stück in kleine Würfel schneiden. 100 Gramm getrocknete Tomaten in Öl abtropfen lassen und fein hacken. Mit der Salami vermengen und die Brötchen damit füllen. Im heißen Ofen goldbraun backen.

Käsehörnchen

1 Das Mehl in eine Schüssel sieben und in die Mitte eine Vertiefung drücken. Hefe und Zucker in 100 Milliliter lauwarmer Milch verrühren, in die Vertiefung gießen. Einen Vorteig anrühren. 20 Minuten gehen lassen.

2 Auf dem Mehlrand Salz, 2 Teelöffel Kümmel, Butter in Flöckchen und das Ei verteilen. Restliche Milch zugeben und alles verkneten. 45 Minuten gehen lassen.

3 Den Teig ausrollen. 10 Zentimeter große Quadrate zuschneiden. Jedes Quadrat von einer Ecke her aufrollen, zu einem Hörnchen biegen und auf ein gebuttertes Backblech legen. Mit Mehl bestäuben, 15 Minuten gehen lassen.

4 Die Hörnchen mit verquirltem Eigelb bestreichen und mit Reibekäse und Kümmel bestreuen. Im vorgeheizten Backofen bei 220 °C etwa 20 Minuten backen.

Kräuterhörnchen

1 Mehl in eine Schüssel sieben, in die Mitte eine Vertiefung drücken. Hefe in ⅛ Liter warmer Milch verrühren, in die Vertiefung gießen und mit Mehl bestäuben. Zugedeckt an einem warmen Ort 20 Minuten gehen lassen.

2 Zwiebeln und Knoblauch schälen und fein hacken. Schnittlauch und Petersilie sehr fein schneiden. Butter, 1 Teelöffel Salz, gemahlenen Kümmel, Majoran, Zwiebeln, Knoblauch und Kräuter unter den Hefeteig kneten und Milch zugeben. 1 Stunde gehen lassen.

3 Den Teig ausrollen. Quadrate von 12 x 12 Zentimetern zuschneiden. Zu Hörnchen formen. Mit Eigelb bestreichen, mit Salz und Kümmel bestreuen. Auf ein gebuttertes Blech legen und im vorgeheizten Backofen bei 200 °C etwa 25 Minuten backen.

Speckbrötchen, Käse- und Kräuterhörnchen

Muffins

Zutaten
- 500 g Mehl
- 15 g Hefe
- 1 TL Zucker
- 225 ml Milch
- 1 Prise Salz
- Butter zum
  Bestreichen

1 Das Mehl in eine Schüssel sieben, in die Mitte eine Vertiefung drücken. Die Hefe mit dem Zucker in etwas lauwarmer Milch verquirlen und in die Vertiefung gießen. Etwas Mehl vom Rand darüber stäuben. 20 Minuten gehen lassen.

2 Die restliche Milch und das Salz auf den Mehlrand geben und alles zu einem glatten Teig verkneten. Zugedeckt 2 Stunden gehen lassen.

3 Den Teig zusammenstoßen und zu tischtennisballgroßen Kugeln formen. Zugedeckt so lange ruhen lassen, bis die Kugeln auf das Doppelte aufgegangen sind. In eine ausgebutterte Springform setzen und im vorgeheizten Backofen bei 200 °C 10 Minuten backen. Die Muffins umdrehen und von der anderen Seite nochmals 10 Minuten backen. Herausnehmen, aufschneiden und sofort mit Butter bestreichen. Noch heiß servieren.

Feurige Berliner

Zutaten
- 500 g Mehl
- 40 g Hefe
- ½ TL Zucker
- 200 ml Milch
- 5 kleine rote
  Chilischoten
- 5 Eigelb
- 80 g Butter
- Salz
- Öl zum Ausbacken
- 3 EL Sesamkörner

1 Das Mehl in eine Schüssel sieben und in die Mitte eine Vertiefung drücken. Die Hefe mit dem Zucker in 100 Milliliter lauwarmer Milch verquirlen. Die Flüssigkeit in die Vertiefung gießen, etwas Mehl vom Rand zufügen und einen breiartigen Vorteig herstellen. Zugedeckt an einem warmen Platz 20 Minuten gehen lassen.

2 Die Chilischoten putzen und fein schneiden. Eigelb, Butter in Flöckchen, Chili und 1 Prise Salz auf dem Mehlrand verteilen. Von der Mitte her die Zutaten zu einem weichen Teig verkneten, dabei die restliche Milch zugeben. An einem warmen Ort 45 Minuten zugedeckt gehen lassen.

3 Den Teig nochmals durchkneten und handtellergroße Kugeln formen. 10 Minuten gehen lassen. Das Öl erhitzen und die Teigkugeln darin schwimmend goldbraun backen. Herausnehmen, abtropfen lassen und mit Sesam bestreuen.

Griebenpogatschen

1 350 Gramm Mehl in eine Schüssel sieben, in die Mitte eine Vertiefung drücken. Hefe in warmer Milch verrühren, in die Vertiefung geben. Etwas Mehl einrühren. 20 Minuten gehen lassen.

2 Das Ei, ½ Teelöffel Salz und Rum unterkneten. 45 Minuten gehen lassen.

3 Das restliche Mehl mit der sauren Sahne, den Grieben, dem Schweineschmalz, Salz und Pfeffer mischen. Den Hefeteig durchkneten, ausrollen und gleichmäßig mit der Griebenmasse bestreichen. Zusammenfalten, festdrücken und 30 Minuten kalt stellen.

4 Den letzten Schritt zweimal wiederholen. Den Teig fingerdick ausrollen, mit einem Messer mehrmals einritzen und Kreise von 10 Zentimeter Durchmesser ausstechen. Auf einem gebutterten Blech im vorgeheizten Backofen bei 200 °C etwa 20 Minuten backen.

Butterpogatschen

1 Das Mehl in eine Schüssel sieben und eine Vertiefung in die Mitte drücken. Die Hefe mit 2 Esslöffel lauwarmem Wasser verrühren, in die Vertiefung gießen und etwas Mehl darüber stäuben. 10 Minuten zugedeckt gehen lassen.

2 Saure Sahne, Butter, 1 Eigelb, Rum und Salz unterkneten. Den Teig ausrollen, zusammenfalten, festdrücken und 15 Minuten gehen lassen. Wieder ausrollen, zusammenfalten, festdrücken und 15 Minuten gehen lassen. Diesen Vorgang noch einmal wiederholen.

3 Den Teig fingerdick ausrollen und Kreise von 8 Zentimeter Durchmesser ausstechen. Ein Backblech ausbuttern, die Pogatschen auflegen, mit Eigelb bestreichen und mit je 1 Mandel verzieren. Im vorgeheizten Backofen bei 200 °C etwa 15 Minuten backen.

Rezeptverzeichnis

Weltbild Buchverlag
© 1999 by Weltbild Verlag GmbH, Augsburg
Alle Rechte vorbehalten

Layout und Einbandgestaltung:
Christina Krutz, Possenhofen
Redaktion: Sylvie Hinderberger
Fotografien: Barbara Lutterbeck, Köln
DTP-Produktion: AVAK Publikationsdesign
Lithoarbeiten: Repro Mayr, Donauwörth
Druck und Bindung: Druckerei Appl, Wemding

Gedruckt auf chlorfrei gebleichtem Papier

Printed in Germany

ISBN 3-89604-288-2